スタートラインに続く日々

今村彩子

Ayako Imamura

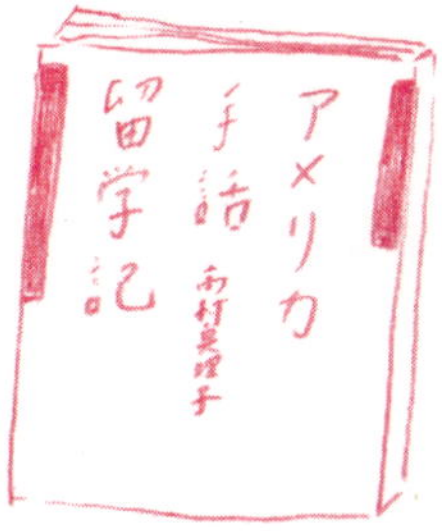

桜山社
SAKURAYAMA SHA

スタートラインに続く日々

今村　彩子

はじめに　～ ミスドで泣く女 ～

「ギャップがあり過ぎて……」

私の涙のツボを押したのは、編集者のこの言葉だった。

喫茶店で男を前に泣く女はかっこ悪い、という価値観が私にはあった。涙を武器にして男を困らせる女は嫌いだ。

それなのにだ。その女に私がなってしまったのだ。

目の前にいる男性は、彼氏でも友人でもない。私に「本を書きませんか」と提案してくださった心優しき編集者である。

最悪である。周囲から見たら、彼氏が彼女を泣かせているという図にもなる。

もしかして私、恋人にフラれた惨めな女として見られている？　いやいや、そんなかっこ悪い女じゃない！と憤りながらも涙は次々と頬を伝う。

突然、よろしくないシチュエーションに置かれた編集者は視線を横にやり、困ったことになったという表情を浮かべている。

私の席は壁に対面し、他のお客に背を向けて座っているので（一番奥の席を確保した編集者に強く感謝）、涙は周りに気づかれていないはず。

いやいや、周囲がどう思おうがそんなことはどうでもいい。今、私のすべきことは目の前にいる編集者に本当の気持ちを伝えることだ。

涙を止める努力は放棄し、紙にボールペンを走らせた。声に出して話したら周囲に泣いているとバレてしまうからだ。

しかし、この出来事に私自身が驚いていた。涙が勝手に流れてきたという感じなのである。知らない間に様々な思いをため込んでいたのだろう。

こういうことは今までにもあった。泣くつもりは全くないのに話していると感情があふれ、涙腺崩壊することが。

私と編集者は年齢がほぼ同じということもあり、これまでの打ち合わせは楽しく過ごしていた。しかし、原稿を送り、メールを交わしていると小さな違和感を覚えた。

いや、もうこの際なので、ぶっちゃけ言っちゃいます。編集者さん、先に謝ります。本当にごめんなさい！

違和感は初対面の時からあったのだ。いや、違和感ではなく、たいていの人が抱く私のイメージ（前向きで努力家）を編集者もそのまま抱いていたのだ。このお方も私を誤解していらっしゃる。丁寧に断るつもりだった、あの日。

約束の14時きっかりに自宅のインターフォンが鳴る。扉を開けると、スーツに身を包んだ、いかにも就活生！という編集者がガチガチの表情でたどたどしく手を上下左右に動かしている。

「は、初めまして」

私は大学で手話を教えている。正しくはこうだよと修正したくなる。ガマンガマン。

「よろしく……、お願いします」

耳の聞こえない映画監督に会うという緊張からくるのか青白い顔をしている。

「あなたに……」

間が空く。一生懸命次の手話を思い出そうとしている。悲しくこっけいで苦しくなってきた。

こんなに必死になって伝えようとしている人、初めて見た。しかも手話は間違っている。笑うなんてご法度、不謹慎だ。慎もうと思えば思うほど笑いが込み上げてきて、ぐえぐえっと胸が変なふうに鳴ってしまった。

「あなたに、会えて、うれしい」

最後の「うれしい」が「面白い」の手話になっている。うぐぐぇ。こらえきれず、ウシガエルのような声を漏らしてしまった。

普通、初対面で「あなたに会えて、面白い」って言うか〜？

玄関で耳の聞こえない映画監督に手話で挨拶するという大仕事を成し遂げた編集者と、笑いをこらえる苦行から解放された私は、２階の事務室に上がった。

編集者は今度は正座して、プリントアウトしてきた自己紹介の紙を私に渡して、自分も同じ紙を持つと読み始めた。オバマとブッシュと名付けた犬を飼っているという。

何だこの人。面白すぎる。

編集者の珍キャラにやられてしまった私は本の執筆を引き受けていた。これまでもいくつかの出版社から本の話をいただいていたのだが、私が本書いても面白くないと辞退していたというのに。

手話が禁止の時代に生まれた私は、聞こえる人に近づこうという教育方針のもとで、一生懸命発音の練習をする。地域の小・中学校に入ったけど、いじめでひきこもりとなり、ろう学校へ転校する。当時私は、恥ずかしながら手話は日本語ができない、聞こえない人が使うものと軽蔑していた。当然、同級生からは嫌な奴と見られ、再びいじめにあう。しかし、1人の不良少年に一目ぼれして必死に手話を覚えるようになる。

やめようやめよう！　全然面白くないし、そんな話は聞こえない人が書いた本を開けばいくらでも出てくる。「不良に一目ぼれ」のところではなく、「発音の練習」「いじめ」「孤独」「転校」というところで。わざわざ私が書く必要はない。

それなら、映画のことを書けばいいじゃないか。

確かに。でも、私は文章が上手ではない。だから、映像で伝える仕事をしているんだよ。

編集者は社運をかけたような真剣さで「ワイン片手に楽しく彩子さんらしく書いてくださいね」と言う。

うーん。こうなったら今までにないものを書くぞ！

池上彰・竹内政明の『書く力』、阿部紘久の『文章力を伸ばす』を購入した。西加奈子、角田光代、三浦しをんという私の好きな作家から、友人に本を借りてまでして何冊も読み漁った。とりわけ衝撃を受けたのは植本一子の『降伏の記録』だった。

ここまで書くのか？　そんなことまで暴露してしまってご家族は大丈夫なのかと心配になるくらい（友人でもなく、全く知らない人だが）赤裸々に書いているのだ。浮気の経験まで。

「明るく前向き」がよしとされている社会で、遠慮もなく黒い感情も吐き出している。最初は個人的なものを延々と見せつけられて重たい気持ちになっていたが、次第に痛快になった。いいぞいいぞ、いちこさん！

私はそこまで赤裸々にぶちまける勇気はないし、する必要も感じていない。しかし、彼女の残酷なまでに「正直」な生き方に圧倒的な羨ましさを感じた。

影響を受けやすい私は自分の過去の日記を引っ張り出して書き始めた。

そして、その本を貸してくれた友人と編集者に原稿を送った。

「あやちゃんの書き方でいいんだよ」というようなことを友人に言われた。

はい。急に恥ずかしくなった。

編集者からは返事がない。いきなり個人的に近い原稿を送りつけられて戸惑っているのかもしれない。私に対するイメージが壊れたかな。でも、いいか。私は「いい子ちゃん」ではないのだから。

とはいえ、これは自分のスタイルではない。

原稿を一から書き直した。それがこの本で紹介する「Start Line」だ。

「こちらの方が初めて彩子さんのことを知る読者にとって読みやすいです！」と編集者

から返事が来た。よかった。

現在、撮っている「アスペのまあちゃん」の原稿も送った。悩んだり葛藤したり間違えたりしているところも正直に綴った。

ところが、これについては返事がない。

編集者は「明るく元気な今村」から外れた原稿は受け入れられないのだろうか。私に感動物語を求めているのだろうか。

忙しさを言い訳にその疑問を放置していたら、自分の中でだんだん大きなしこりとなり、書きたいという思いさえなくなってしまった。もの作りをする人にとってこの状態は致命的である。このままではいけない。編集者にメールを送った。これが編集者と喫茶店で会うまでの経緯である。

編集者と筆談を交わして、その原因は「いちこさんかぶれ」した原稿ということが分かった。

2012年から2015年は、雑誌やフリーペーパーに20本ほどのエッセイを寄稿した。生い立ちから映画制作の舞台裏を執筆したもので、「輝いています、私!」というオーラが出ている。今回出版するこの本でも、このように「明るく楽しく前向き」になれる中身をという要望が、編集者にはあったようだ。

しかし、いつも明るく楽しく前向きで生きている訳ではない。弱い自分、愚かな自分もいる。混沌とした感情もある。本を書く機会をいただいたのであれば、きちんとその部分も言葉にして伝えようと決めていた。私に興味を抱き、読んでみようと本を手にしてくれた読者にウソをつきたくない。

私は自分の思いを伝える言葉を選び、紡いでいった。かっこつけたりしてないか？　自分は本当にそう思っているのか？と確認しながら。

そうする理由は、1つの反省から来ている。

20代の頃、私は「聞こえない人を暗い人と思い込まないでほしい」と明るい前向きな作品を撮り、発表し続けてきた。

「登場人物の明るく頑張っている姿に感動しました」「これまでのイメージが変わりました」という感想が次々と寄せられた。そうそう、そうなんだよという思いで嬉しくメールを拝読した。

そして、２０１１年3月11日、東日本大震災が起きた。

その11日後に宮城を訪れ、被災した聞こえない人たちを取材した。被災した人だけでなく、支援活動に飛び回るろう者の存在も伝えるために名古屋の自宅から宮城に通い続けた。

テレビ局の報道班が、取材する私を通して聞こえない人たちの状況を伝えたいと、名古屋や静岡からカメラを担いでやって来た。被災者を撮る私を撮影するのだ。非常にやりづらい。でも、テレビで放映されることでより多くの人たちに伝えられるなら、断る理由などない。

私と東北の被災者を取材するテレビ局の数は増えていき、多い時は5台のカメラに狙われながら被災者を撮影するという異常な状況もあった。でも、彼らのお蔭で全国に伝えられる。有り難い気持ちで取材に応じた。

テレビで放送され、新聞でも取り上げられると、全国各地から上映や講演の依頼が舞い込んできた。東北の被災した聞こえない人たちの状況を1人でも多くの人に届けたい。スケジュールが重ならない限り全ての依頼を受けた。その数は年間60回以上にも上った。

上映の合間に自宅から６００キロも離れた東北を訪れ、取材し、帰ってきて映像をつないでは上映会場へ向かい、状況を報告する。そして、また東北へ向かう。

伝えなければという使命感に突き動かされ、目の前のことを一生懸命やりこなした。自分の心の状態を把握できないまま。

そして、２０１３年の夏、ドキュメンタリー「架け橋　きこえなかった３.11」を完成させた。

「テレビで見ました」「素晴らしい活動、応援しています」「これからも取材を続けて状況を教えてください。期待しています」

観客から握手やサインを求められるようになり、戸惑った。私はあなたと同じ人間で、自分ができることをしているだけ、という思いがあった。

世間からは、「正義感を抱き、どんどん行動に移している人」と見られるようになり、上映会場に向かうのが少しずつ億劫になっていった。一気にろうの世界で頂点へと担ぎ出された私は傲慢になったりしていないかという恐怖もあり、地元の主催者が企画した交流会も辞退してそそくさと家路に着くことが多くなった。

その状況に変化をもたらしてくれたのは「架け橋」の次に制作した「Start Line」である。この映画では伴走者に叱られてふてくされている自分、目の前の壁から逃げている自分、泣き叫ぶ自分、尻込みをする自分が出てくる。勇気凛々の今村はどこにもいない。

公開前は、映画制作を応援してくれた方々を失望させてしまう、私から離れていく人もいるだろうと思っていた。でも、私は立派な人間じゃない。そのことを告白して重い看板を下ろしたかった。

映画が公開されると観客は親しみの眼差しで近づき、「実は私もコミュニケーションが苦手なんですよ」「なかなか人の中に飛び込めない気持ち、よく分かります」とこっそり打ち明けてくれた。「勇気をもらいました。私も頑張ろうと思いました」と言う観客もいた。

その時、情けなくてみっともない私でも受け入れてもらえるんだということを知った。壁を作っていたのは自分だったのだ。ただでさえ、「ろう者」「映画監督」という肩書がある。人々は私を相当努力した素晴らしい人、自分には真似できないわと距離を持つのが当然かもしれない。それに気づかず、自分から距離を縮めようとしなかった。何とも浅はかである。

こんなことを言ったら否定されるかもしれない、呆れられるかもしれないと怖がっていたけれど、もっと人を、世界を信じてもいいいんだ。

自分の思いや迷い、考えていることを共有したいと、講演で等身大の言葉で語るようにした。すると、「あなた、考え過ぎじゃないの〜」と観客のおばちゃんに笑われた。照れ笑いを返しながらも心の中で喜んだ。ちぎれんばかりにシッポを振る犬のように。

「素晴らしい講演だった」という感想に慣れていた私にとって、最大の賛辞だったからだ。

自身の経験を話してくれる観客もいた。へえ、そんなことがあったのか。この方のお話をもっと聞きたい、話したいと思った。

「ギャップがあり過ぎて……」と編集者に言われた時、本当の私に気づいてと涙が込み上げてきたのだろう。私は「これを作りました、あれを作りました、大変でした、そこからこんなことを学びました」と単なる映画制作の紹介に終始するのではなく、現在進行の自分から生まれた言葉で綴りたい。かっこ悪くても情けなくてもいい。

「ねえねえ、こんなことが書いてあるんだけど、どう思う?」と友達に話し、意見を交わしたくなる本を目指したい。答えが見つからず、うろうろと歩き回ってもいいと観客が教えてくれたのだから。そのことを伝えたくて、再び涙を拭いながらペンを走らせた。

編集者は「分かりました。これからはいろんな今村彩子さんを見ていきます」とすっきりした表情を浮かべた。こうして生まれたのがこの本である。

でも、私が喫茶店で泣いた女ということは認めたくない!と変なプライドが頭をもたげてくる。今度、編集者に会ったら、「あの時あなたが見たのは涙ではなく、鼻水です」と言おう。

スタートラインに続く日々／目次

はじめに　～ミスドで泣く女～　2

Start Line（スタートライン）　21

自転車旅を決意　23

14万円で新しい経験を　24

「コミュニケーション」を映画のテーマに　26

私の幼少期／荒れ狂っていた中・高時代／ろう文化に出会った大学時代

堀田さんとの出会い　32

スポンサー企業　35

クラウドファンディング　37

旅の準備　39

愛車〝ジャーニーさん〟／カメラマンと撮影機材／ブルドーザーのごとく

ニッポン中のためらう人に

壁だらけの自転車旅　46

苦手なことの連続／「それは甘えだよ」／タイヤがパンクした青年
ウィルと過ごした6日間／「ダイジョウブデスカ」／旅の最後の晩
編集で再び自分と向き合う　61
最後の難関　64
家族・親族へのお披露目　65
完成披露会　67
3番目の伴走者　68
縁の下の力持ち　70
映画の宣伝活動で　71
聞こえる人を身近に　73
時代遅れの切り札　～福岡県春日市上映で～　74
コミュニケーションが上手とは？　～北海道士別市上映で～　75
「ピープル　インサイド　オナジ」　79
珈琲とエンピツ　81
出会い　83

常連客の質問　84
ＣＭ制作　86
大切なのは伝えたい想い　87
東日本大震災　88
心を撮る職人　89

架け橋　きこえなかった3・11　91

震災11日後に宮城へ　93
震度6の余震に遭遇　96
情報社会から置き去りにされている私たち　97
1通のメール　98
被災した方々を撮るということ　99
社会を変えるのは映画ではない　102
だんだん分かっていくんだね　103
防災ボランティア灯りの会の上映会　105
架け橋　108

11歳の君へ　～いろんなカタチの好き～　111
それは、私のカン違いから始まった　113
それは、自分にもあてはまることだった　115
「耳が聞こえないこと」と「ＬＧＢＴ」　118
ＤＶＤ制作で　119
戸惑い／迷い／カテゴライズ／立場が逆転／打ち上げで
11歳の君へ　127
アスペのまあちゃん　129
まあちゃんの撮影がはじまった　（２０１７夏～２０１８春）　131
まあちゃんの撮影は続く　（２０１８夏～２０１９冬）　181
スタートラインに続く日々　213
２０１２～２０１３
私は身長１５３センチの映画監督です　214

映画の道に進むきっかけを作ってくれた父　220
小学生時代の夢は童話作家だった！　222
母からもらった1冊の本　228
6冊の英語の交換日記　231
君はありのままでいいんだよ。環境を変えればいいんだ　234
ろう学校の子どもたちも恋愛したりケンカするんだよ　238
ニューヨークロケ　243
壁は新しい世界に踏み出した証し／めんどくさいことをなくすのが福祉
昭和を切り拓いたろう女性たち　249
聞こえない妻が働き、聞こえる夫が主夫をする　254

2013〜2015

友達からはじめようよ　258
牛乳瓶のキャップ　262
カミングアウト　266
朝市のおじさん　270

２０１７〜２０１９

小学校の子どもたち　274
ＨＩＶ／エイズ予防啓発動画の制作　279
押したり並んで歩いたりしながら考えたこと　285
共に生きる難しさ　292
「好きな食べ物は何ですか」　296
「筆談です」　300
大きく高く　304
「同じ」と「違い」　309
おわりに　〜「障害者」という言葉〜　314
本に登場する方々　318

Start Line（スタートライン）

「Start Line（スタートライン）」
ドキュメンタリー／112分／日本語字幕・英語字幕／2016年
ドイツ・ニッポンコネクション観客賞受賞
全州国際映画祭 招待上映

生まれつき耳の聞こえない映画監督が、自転車で沖縄→北海道日本縦断の旅へ。コミュニケーションの壁にヘコみ、涙しながらも走り続ける57日間の記録。伴走カメラマン哲さんの叱咤激励、聴力を失った旅人ウィルとの出会い…ニッポン中のためらう人に観てほしい、一篇の勇気のおすそわけ。

２０１５年の夏、無謀な挑戦をした。北海道・宗谷岬を目指して沖縄から自転車を漕ぐという。私の生涯のテーマでもある「コミュニケーション」と向き合うためである。今でこそよく実行したなと自分でも呆れているけれど、その時は大真面目だった。

自転車旅を決意

自転車旅のきっかけは母と祖父の死だった。夏の暑い日に突然亡くなった母、そしてその３か月後に旅立った祖父。長年一緒に暮らしていた家族を２人続けて失うのは筆舌に尽くし難い経験だった。14年間映像制作に情熱を燃やし、全国各地を飛び回っていたが、カメラを持つ気力をなくし、生きる意味を見失った。

必要最低限の家事をこなす以外は死んでいるような状態だったある日、ふと思い立ってクロスバイク（※）に乗った。自転車が好きな友人、堀田哲生さんから勧められて買ったものだ。

ペダルを漕いだ瞬間、風を感じた。その時、ある考えが浮かんだ。

死ぬ気になるくらいだったら、沖縄から北海道へ日本縦断しよう！

※クロスバイク…横一直線のハンドルを持ち、マウンテンバイクとロードバイクの中間にあたるスポーツバイク。

14万円で新しい経験を

なぜ、こんな突飛なことを思いついたのか。話はクロスバイクを購入した日に遡る。

家の周りには坂道が多く、長い登り坂はママチャリではとても漕げない。学生時代は立ち漕ぎで上り切れたが、今はよほどの気合がないとできない。堀田さんにそう話すと「この自転車だったら軽々と漕げるよ」とクロスバイクを貸してくれた。サドルにまたがり、漕ぎ始めるとこれが軽いのだ。

あんなに重たかったペダルがこんなに軽いなんて！

衝撃を受けた。

クロスバイクが欲しい！と強烈に思った私は堀田さんに付き合ってもらい、自転車専門店へ。自転車は1万～2万円もあれば買えるという感覚だったので、スポーツバイクが20万～50万円もすることに仰天。

「これ、女性モデルなのでぴったりですよ。しかもバーゲンで安くなっています」

店員が勧めた青のクロスバイクも値段を見ると14万円。

ええ？　ママチャリが14台も買えちゃうよ？

後ずさりした私に堀田さんが畳み掛ける。

「フレームがカーボンで軽く、ここまで安いのは他にはないよ」

彼は自転車店で働いていることもあり、その言葉は重かった。

どうしよう。他のお店の自転車も見てみたいんだけどな。

しぶっていると店員が決定的な一言を放った。

「実はこれ、最後の1台なんですよ」

ううう！

「考えておきます」と家に帰ったら、誰かに買われてしまうかもしれない。最後の1台と告げられた青のクロスバイクが俄然欲しくなった。

この自転車を買ったら、知らない世界が拓ける。新しい経験ができる。よし！14万円で新しい「経験」を買おう！

そう決断し、青のクロスバイクを手に入れた。専用の空気入れや予備用のタイヤチューブ、ヘルメット、ライトなどをそろえ、締めて16万円。財布は急に寂しくなった。

こうなったら、元を取ってやる！

移動のため電車や車を使っていたのを全て自転車に変えた。10キロ、20キロと漕ぐのは疲れるだろうと思っていたが、目的地に楽々と着いてしまう。

自分の、この足で、ここまで来られたなんて！

価値観が壊れた。

徐々に距離を延ばして完走するたび、興奮と感動を体全身で感じた。

私は取材や講演で全国を飛び回る。新幹線の窓から外の景色を眺めていると、青々とした田園風景に「ここを自転車で漕いだらどんなに気持ちいいだろう」と思いを馳せるようになった。飛行機のだ円形の窓から海に面している地形を見ると「海を眺めながら走りたい」と体がうずうずした。

いつしか自転車で日本を1周したいと夢見るようになっていった。

「コミュニケーション」を映画のテーマに

私の幼少期

無音の世界に生まれた私は「社会で生活ができるよう読み書きを」という両親の教育方針のもと、愛知県立千種聾学校幼稚部に入園。言葉を覚え、発音の練習に励んだ。

卒園後は「社会に出た時、聞こえる人と一緒にやっていけるように」という親の願いで地元の名古屋市立太子小学校に通った。

4月生まれの私は、低学年の頃は体が大きく、運動が得意で、クラスの皆の人気者だった。高学年になると、休み時間は男子は外で遊び、女子は教室でおしゃべりするようになる。

私は外で遊びたかったけれど、女子と一緒にいることを選んだ。

1対1での会話であれば相手の口を読み取って内容を理解できるが、大勢となると誰が何を話しているのか分からない。最初は「何？」と聞いていたが、答えるのがだんだん面倒くさくなっている友達の様子を察した私は、分かったふりをするようになっていった。顔では笑い、心で涙を流していた。

家に帰っても家族団らんについていけない。テレビも字幕がついていないため楽しめない。私は耳が聞こえないから家族や友達の輪に入れないんだ。徐々に自信を失っていった。そんな私を癒してくれたのは、父が借りてきてくれたビデオで観る洋画だった。洋画は字幕がついているので内容が分かる。小さなテレビ画面に映るアメリカは、自由でキラキラしていた。毎週父が借りてきてくれる洋画を観ては胸を弾ませた。いつしか大人になったら映画を作りたいと夢を膨らませるようになっていた。

荒れ狂っていた中・高時代

中学校も地元の学校に進学した。真面目で努力家だった私は、勉強も部活も頑張るぞと意気込んでいた。しかし、教科ごとに先生が変わる授業についていくのは想像以上に大変だった。席を前にしてもらっても、黒板を見たり歩き回ったりしながら説明する先生の口の動きを読み取るのは不可能だ。

さらに英語の授業ではリスニングがある。聞こえてくるのは意味をなさない音だけ。アメリカに憧れ、小5から学び始めた英語が嫌いになった。やがて級友からのいじめがきっかけで不登校になり、3か月以上家にひきこもった。

「義務教育はちゃんと受けてほしい」と母に説得され、中2で、愛知県立名古屋聾学校へ転校。しかし、私はろう学校に行きたくなかった。日本語ができないろう者が通う所という偏見があったからだ。

内容が1～2年遅れている授業や生徒に媚びる先生、得意げにふるまう同級生に嫌気が差し、学校をサボることもたびたび。靴を隠されたり、ノートを破られたりするようになった。

聞こえる世界にも聞こえない世界にも私の居場所はない——。

試験問題を白紙で提出したり、髪を茶色に染めたり、学校を抜け出して海へ行ったりした。バイクこそ盗んでいないが、尾崎豊の「15の夜」状態だった。問題行動を起こし、胸中を荒れ狂う感情を親や先生にぶつけていた。

無事卒業はしたものの、大人に甘え放題だった自分の言動を思い出すと顔から火が出る。穴を掘ってもぐり込みたくなる。真剣に向き合ってくれた先生方に「ごめんなさい！」と謝りたい。

高校は、当時、全国のろう学校でトップレベルを誇る筑波大学附属聾学校（千葉県市川市）に入った。映画を学ぶためにアメリカ留学したいと考えていたからだ。しかし、そこでも先輩や同級生に馴染むことができなかった。自分の居場所はここにもない。16歳の私は絶望した。

高1の3学期、2度目の転校で愛知県立豊橋聾学校へ。

親の都合ではなく、自分の都合で2回も転校するなんて……。私は負け犬だ。

どん底にいた私は心に決めた。もう二度と楽しい学校生活を期待するのはよそう。最初から期待しなければ、傷つくこともない。

「私はあんたらとは違うんだ」という変なプライドもあり、休み時間は1人で図書室にこもった。

そんなある日、担任の山本先生に呼ばれた。

「今村、オマエ、生徒会長やってみないか？」

え？　何を言うの？　問題児の私に。

しかし、心のどこかでは皆と楽しい高校生活を過ごしたいという思いもあり、立候補。

生徒会長に当選すると、役員の意見をまとめ活動に励むようになった。すると、級友や先生から「頑張っているね」と声をかけられるようになった。

「文武両道」をモットーに、勉強だけでなく部活にも邁進。東海聾陸上大会では1500メートル走、3000メートル走で1位、全国聾学校陸上大会の1500メートル走で5位に入賞という好成績を修めた。

英語については、河合先生と英語の交換日記を交わすことが楽しみになった。そのお蔭で英検2級に合格。愛知県内のろう学校出身として初めての国立大学合格も果たした。頑張れば頑張った分、結果が出るのだ。自分を信じられるようになった。

ろう文化に出会った大学時代

1998年、愛知教育大学に入学した私は、5年ぶりに聞こえる世界が広がる学び舎に身を置く不安でいっぱいだった。友達はできるのだろうか、授業についていけるのだろうか。

現在、愛教大には障害学生支援サークルがあり、ろう・難聴学生のためにPC通訳を行っているが、私が入学した当時は何もなかった。

毎回、同じ講義をとっている2人の友達が私の両端に座り、ひたすら先生の言葉をノートに書いてくれていた。ボランティアとして。

「いつも本当にありがとう」と伝えると、「ノートテイクをした方が居眠りしないし、真面目に授業を受けられるから」と、心優しい友達は笑って言った。それでも講義は1コマ90分もある。申し訳ない気持ちは拭えなかった。

大学1年の冬休みから1年間、念願のアメリカへ渡った。映画制作を学ぶためだ。留学先のカリフォルニア州立大学ノースリッジ校は、手話通訳派遣制度が充実している。ろう学生が堂々と聞こえる学生と学ぶ姿を目の当たりにした。

聞こえないことは卑下することじゃないんだ。そのままでいいんだと勇気づけられた。今まで聞こえる人とは声を出して話していたが、帰国後は声を出すのを止めた。発音は聞こえる人のために身につけたもの。私のためではない。それに、そもそも聞こえないから完璧な発音なんて無理である。聞こえる人からも歩み寄ってほしい。筆談と手話でコミュニケーションをとるようになった。

私が高校1年生だった1996年3月、「ろう文化宣言」が「現代思想4月臨時増刊号」などで発信され、「手話を第一言語とするろう者は素晴らしい」と思う人が増えた。私もその1人だった。だが、それは長年抑圧されてきた歪んだ怒りが爆発し、聞こえる人に対する反発心を強めただけだった。

当然、心は窮屈なまま。私のために手話を覚えてくれた友人とも距離を感じるようになった。

私は耳が聞こえないから聞こえる人とスムーズに話せないんだ。社会に出た後もコミュニケーションや聞こえる世界での生き方に悩んだ。ドキュメンタリーの取材で「どのように聞こえる人と接しているのか」がいつも関心のあることだった。

堀田さんとの出会い

映画「珈琲とエンピツ」の上映会がきっかけで堀田さんと知り合った。空手の師範の保有者である彼は、「耳が聞こえないから〜できない」という私の考えをことごとく打ち砕いた。

「そんなの言い訳だ」「彩さんは自分のことしか考えてない」「相手だって話したいのに彩さんがそうやって諦めることで一方的に会話を切っている」

私の聞こえないことを露程も思わず、容赦ない言葉を浴びせてくる。聞こえる人からこんな扱いを受けるのは初めてだ。何を言うの、この人は？　聞こえるからそんなことが言えるんだと憤ったが、堀田さんの海外生活での経験を聞くと何も言えなくなった。

「アメリカで暮らしていた時、最初はその国の言葉が分からず、何を話しているのか分からなかった。だから、彩さんの寂しい気持ちも分かる。でも、あたしは頑張って友達を増やしていった。一番の不幸は『聞こえないこと』ではなく、『甘やかされてきた』こと。

彩さんは今まで聞こえないからと周りに甘やかされてきた。そのことが不幸だ」

メタメタに傷ついた私への決定打となったのはこの一言。

「コミュニケーションができないのは、聞こえないからじゃない。下手だからだ」

これまで私は恥ずかしながら、自分はコミュニケーションは上手だと思っていた。仕事柄、講演などで皆の前に立って話すことが多かったからだ。しかし、それはよく考えると受け身の状態だった。用意された会場に立ち、聴衆と対面して話す。そして、飛んできた質問に答えるという。

参加者は講演のテーマや映画に関心を持って耳を傾けてくれる。このような場であれば、誰だって話したり、質問に答えたりできる。そういう環境に居続けた結果、お互いに相手を知らない状態での会話が非常に苦手になっていたのだ。

旅先では相手の情報がゼロの状態から会話が始まる。いつも受け身だった私は何を話題にすればいいのか分からず、途方に暮れた。取材では初対面の相手でも臆せずに話せるのだが。

私は「聞こえないからコミュニケーションができない」のではなく、「下手だからコミュニケーションができない」ということにようやく気づいた。

堀田さんは私を聞こえない人としてではなく、1人の人間として見ているからこそ、厳しく指摘するのだろう。

多くの人は、「そうだね。聞こえないから難しいね」と、私の言い分を受け入れてしまう。それでは私は成長しない。「～ができないのは耳が聞こえないから」という言い訳をし続けてしまう。最初は「何て嫌なことを言う人なんだ」と思っていた堀田さんに、全幅の信頼を寄せるようになった。

自転車旅で1人の人間として、監督として次のステージに進むためにもコミュニケーションをとることに向き合おうと決意し、旅の伴走は堀田さんにお願いした。私が言い訳を始めた時、「それは甘えだ」と見破り、指導してくれるという期待を込めて。堀田さんと早速、5つのルールを決めた。二人旅になるけれど、私の「一人旅」という状況を作るために。

5つのルール

1. 自転車のパンク・タイヤチューブ交換などの簡単なことは助けない。
2. 撮影すること以外は助けない。
3. 私と旅で出会った聞こえる人との通訳はしない。
4. 宿の手配やキャンセルなど私の代わりに電話をすることはしない。

５．私が道に迷っても教えない。

スポンサー企業

映画制作を兼ねた自転車旅は、通常の旅と違ってお金がかかる。「応援してくれそうな会社はないかな？」と友人知人、母校の恩師など手当たり次第に聞きまくった。

堀田さんのアドバイスで自転車や自転車関係の商品を作っている会社にもあたった。すると、旅をするので応援してほしいという人は多いので断っているとのこと。

その中で唯一応援してくれたのが自転車のヘルメットを作っているオージーケーカブトだ。ヘルメットや自転車につけるボトルケージなどを提供していただいた。広報の柿山さんは以前、スポーツライターだった時に聞こえないラグビー選手を取材したことがあると話し、覚えたての手話で自己紹介をしてくれた。

映画のＨＰ制作を引き受けてくれた鳥居さんは「うちの後輩にモンベルで働いている人がいるから、聞いてみる」と確認してくれることに。企画書を送るとゴーサインが出てサイクリングウェアやタイツなどを２人分提供していただいた。

旅ではノートパソコンが必要になる。フェイスブックで旅の報告をしたり、撮影した映像を外付けＨＤＤに保存したりするために。ダメもとで富士通にメールを送った。

すると、「大変共感し、喜んでご提供をさせていただきたく存じます」と宣伝部の白石さんから丁寧なメールをいただいた。

えええー！　いいのですか？　本当にどうもありがとうございます！

アメリカ留学でお世話になったダスキンにも依頼し、協賛金をいただいた。補聴器関係のメーカー、キクチメガネ、カシオ、カレーハウスCoCo壱番屋、新宮運送などにも応援していただき、感謝している。

「沖縄から自転車で北海道まで漕ぐ！　そして、映画を作る！」と会う人会う人に言っていたが、心のどこかでは「夢物語」のように感じていた。自転車で1泊2日の旅すらも経験したことがないからだ。どう考えても無茶な話である。

大企業がそんな夢語りを本気にする訳もなく、資金集めに難航するだろうと思っていたので協賛をいただくたび、「え？　夢じゃなくて本当に旅をするの？　この私が？えーっ！」という感じだった。

スポンサー企業が1社ずつ増えていくと日本縦断という途方もない夢が現実味を帯びていった。応援してくれる仲間ができて嬉しいという気持ちに比例して、責任がずしっずしっと重くなっていく。

本当に大丈夫なんだろうか。もしかしたら、1週間でお手上げとなるかもしれない。不安が頭をもたげてきた。考えれば考えるほど、心が落ち着かなくなる。

そりゃそうだ、初心者だから当たり前だ。懸念材料は考えればいくらでも思い浮かぶ。もしかしたら私はとてつもなく大変なことをやろうとしているんじゃないか。でも、「大変」という字は「大きく変わる」と書く。大きく変わるためには大変なこともしないといけない！とこじつけで不安を紛らわせた。

クラウドファンディング

資金集めで東奔西走していると、同い年の稲垣くんが言った。

「クラウドファンディングはどう？」

その存在は知っていたが、やっても集まらないだろうと思っていたので頭になかった。言われて改めて考えた。うーん。私を応援してくださる人、いるんだろうか。でも、やって損はない。やってみよう！　私はやるか、やらないかと選択を迫られると火中に飛び込むタイプだ。

早速、クラウドファンディングの運営会社 Readyfor に連絡を取り、キュレーターの指示のもと、プロジェクトページを作成した。目指している内容を文章にしていくと、本当に私は自転車で日本を縦断するんだなと気持ちが引き締まった。

目標金額を１０６万円に設定した。堀田さんの２か月分の人件費、宿代、旅用の自転車代である。これを60日間で集める。「All or Nothing」という仕組みで、目標金額に１円でも到達しないとそれまで集まった支援金が受け取れなくなるのだ。

２０１５年６月１日にクラウドファンディングをスタートさせた。プロジェクトページの左側に「支援者募集終了まであと○日」と表示が出ている。59日、58日、57日と日数が1日ずつ減っていく。かなり心臓に悪い。でも、もう清水の舞台から飛び降りたのだから突き進むしかない！

「最初の３日間が勝負です！」とキュレーターにはっぱをかけられ、朝から晩までパソコンにかじりついた。フェイスブックやブログ、ＬＩＮＥやメールで友人知人に呼びかけた。すると３日目で33万８０００円が集まった。支援金と共に寄せられた応援メッセージを読んで涙腺が緩む。夢を応援してくれている人たちの思いが嬉しかった。と同時に、15年間、映画制作を陰ながら見守ってくれていた母とこの喜びを分かち合うことはもうできないんだと思うと、涙が頬をつたった。

起床後、パソコンを開いて支援金がいくら集まったかを確認するのが日課になった。そして、６日間で目標金額の１０６万円に達した。信じられなかった。

「彩子の自分の生き方を力強く模索していく姿にパワーをもらいました。さらにパワーアップしていて驚きます。応援しています。力になれることがあれば、教えてくださいね」

「今村さんの作品は、どれもありのままのろう者の姿が浮き彫りにされ、観た人たちがそれぞれ思いをはせることができるのがすごい。今回の作品もきっと素敵な作品になるでしょう。身体に気をつけて頑張ってくださいね」

家事と旅の準備の両立はきつかったが、毎日のように寄せられる応援メッセージに疲れが吹っ飛んだ。

私は１人じゃないんだ。私の知らないところで、こんなに大勢の人たちが気にかけてくれているんだ――。体の底からエネルギーがふつふつと湧いてきた。

支援者募集終了までまだ54日も残っていたので、次回目標として撮影機材と広告宣伝費の52万円を追加した１５８万円を設定した。これも達成。60日間で１８３万円の支援金が集まった。達成率１７３％。本当に感謝の二文字しかない。応援してくださった皆さまに私ができることは旅を成功させ、いい映画を届けることだと再確認した。

旅の準備

愛車〝ジャーニーさん〟

旅で使う自転車は青のクロスバイクを考えていた。しかし、クロスバイクは旅仕様ではないため新たに購入することに。堀田さんの助言で国内普及率1位のメーカー、ＧＩＡＮＴ（ジャイアント）にした。映画を観て自分も自転車を始めようと思った人が買いやすいようにという理由である。堀田さんは私よりも映画を観る観客のことを考えていた。

ロードバイクの値段は12万円。最初に買ったクロスバイクよりも安く手頃な金額である。何より名前がいい。Great Journey（グレート　ジャーニー）。「素晴らしき旅」という意味だ。身長１５３センチと小柄な私に合わせて選んだＸＳサイズのサハラゴールドのロードバイク。堀田さんが勤務していたジテンシャデポで注文した。

自転車の組み立ては通常は店員がするのだが、特別にやらせてもらった。

段ボール箱からフレームやハンドルなど部品を取り出す。自転車のパーツを見るのは初めて。これが自転車になるんだ。

堀田さんに手伝ってもらいながら、組み立てていった。どこでどの部分の役に立つのか行き先不明の部品たちが組み合わせられ、徐々に自転車の形になっていく。次第に気持ちが上がった。

難しかったのはブレーキのワイヤー通し。ハンドルの奥にある小さな穴から入れるのだが、中が暗くて分からない。

ここかな？　こっちかな？と突き刺してもワイヤーの頭が平面にぶつかってゴリッと鈍

い感触を残すだけ。5分、10分と時間が経っても一向に通らない。背中に堀田さんの視線を感じる。ちょっとプレッシャーなんですけど……。

堀田さんがその場を離れるや、ワイヤーがスッと通った。ホッ。

こうして日本縦断の旅を共にする相棒、〝ジャーニーさん〟が生まれた。

自転車旅の相棒、ジャーニーさん

カメラマンと撮影機材

映画制作で欠かせないのはカメラマンである。誰に依頼するか悩んだ。今回は企業や大勢の人たちに応援していただいている。映画をきちんと撮り、観客に届ける責任がある。プロカメラマンに依頼すれば技術は安心だが、地元で会った人たちが緊張して自然な様子が撮れなくなるかもしれない。

私が自転車を漕いでいる間、カメラマンは車で移動する。自転車を漕ぎながら、「～を走っています」「これから休憩します」と連絡を取る手間がかかり、旅そのものを味わう余裕がなくなる。

これでは本末転倒だ。かといって撮影はまるっきり素人の堀田さんにやってもらうのは怖い。

映画は劇場での公開を考えている。視聴に耐えうる映像が撮れるかどうか分からない。しかし、旅は少人数の方が小回りが利く。

えーい！　ここは堀田さんに懸けよう！　再び清水の舞台から飛び降りる思いで決意し、撮影を、素人だが私の最も信頼の置ける堀田さんにお願いした。撮る時は「カメラを振り回さず、脇を締める」「ズームを多用しない」の2つを伝えた。

旅では私もカメラを使うため、小型ビデオカメラを2台用意した。

最近のビデオカメラは家庭用でも高性能で美しい映像が撮れる。それだけでなく自転車やスケボー、サーフボードに取り付けてアウトドアスポーツを撮影するアクションカメラも出てきている。臨場感を出したいと、自転車のハンドルにつけるアクションカメラの購入を決めた。

重視したのは手振れ防止の機能。大きなスクリーンで上映した時、ガクガクと画面が揺れたら観客が酔ってしまうからだ。

お世話になっている映像制作会社の新美さんやカメラマンの西田さんと一緒にいくつかのメーカーを試した。そして、ＳＯＮＹのカメラにした。値段も5万円と安い。一昔前だったら、自転車旅をしながらカメラを回すなんて考えられない。技術が発達した今だからメカ音痴の私でもできるのだ。今の時代に生まれたことに感謝。

ブルドーザーのごとく

旅の出発は2015年7月1日にした。1という数字は何かを始めるのにふさわしいという単純な理由からだ。また、7月と8月は講演の依頼が入っていなかったのだ。8月の最後の週に入っていた大学の集中講義は、新野さんに講師の代理をお願いした。

旅をしよう！と思い立ったのが2月の後半。出発まで準備にとれる期間は4か月しかない。その間、企画書の作成、スポンサー企業集め、撮影機材の検討、クラウドファンディングなど、やることが次から次へと出てくる。

「来年にしたら？　お母さん、まだ亡くなられて1年も経ってないし」と高校の夏目先輩が心配してくれた。

有り難く思いつつも今、こんなに燃えているのに来年にしたら、気持ちが冷めちゃう。やるならこの夏だ！とブル

数ある機材の中から適した撮影機材を選ぶ

ドーザーのごとくがむしゃらにいろんなことを同時進行で進めていった。1日1日が飛ぶように過ぎていった。

自転車で沖縄から北海道まで漕ぎ抜けるには体力も必要だ。しかし、トレーニングする時間がとれない。朝晩に腹筋を20回ずつやること、外出する際、移動手段は電車や車を使わず、全て自転車にすることを自分に課した。1日に約20キロを週に2、3回、漕いだ。

3月には予行練習として2泊3日で沖縄を半周した。二つ返事で練習に付き合ってくれた聖やナガミネくんには心から感謝している。

縦断コースは、ジテンシャデポの店員さんや北海道を旅したことのある東海サウンド社の関さんにアドバイスをもらい、自分でもインターネットで経験者のブログを見ながら決めていった。

沖縄から北海道の宗谷岬まで3400キロ。1日平均70キロ漕げば、49日で到着する。真夏の日本で毎日70キロを漕ぐのは、どんな感覚なのだろうか。体力は持つのだろうか。未知の世界である。不安が頭をもたげたが、やってみないと分からない。私の辞書には「諦める」という言葉はなかった。

映画のタイトルは「Start Line（スタートライン）」。旅の準備をしている時、心にふっと浮かんだ言葉だ。母と祖父を相次いで亡くし、気力を失ったが、もう一度前を向いて生きていこうという決意を込めている。

映画を多くの人に知ってもらうためには目を引くキャッチコピーが大切だ。ＨＰを作ってくれた鳥居さんにコピーライターを紹介してもらった。

顔合わせの日、現れたのは長身の優しい表情をした中島理恵子さん。会釈を交わすと中島さんがノートを開いた。

「私は年も身長も彩子さんのプラス17」

１５３センチの私に１７０センチの中島さん。36歳の私に、53歳の中島さん。17違う。面白い！　流石、コピーライター！

中島さんは「ニッポン中のためらう人に」というキャッチコピーを考えてくれた。何かをしようと思っても「でも……」とためらい、自己嫌悪に陥ってしまう人は少なくない。そんな人たちに向けたエールである。

映画のエンドロールに流れる「叱られた回数５００回」「褒められた回数２回」も中島さんの案である。プロと一緒に仕事をするのはこういうことなのか。ワクワクしてきた。

コミュニケーションが苦手な私の挑戦で、ニッポン中のためらう人の背中を押す映画になったらいいな。

当時は自分がニッポン中で一番「ためらう人」になるとは夢に思わず、のん気に夢を膨らませていた。

こうして、2015年7月1日、北海道・宗谷岬を目指して沖縄の宜野湾市からペダルを漕ぎ出した。

壁だらけの自転車旅
苦手なことの連続

57日間の自転車旅を終えて感じたことは、宗谷岬はゴールではなくスタートラインだったということ。

迷路のような造りの居酒屋ではお手洗いから戻れず、迷子になるほどの方向音痴な私にとって、旅は毎日が苦手なことの連続だった。毎回、道に迷った。

地元の人や交番でお巡りさんに道を尋ねても、皆、口の動きが小さくて何を言っているのか分からない。炎天下の中、何回も説明してもらうのは申し訳なくなり、分からないままうなずいてしまうこともたびたび。

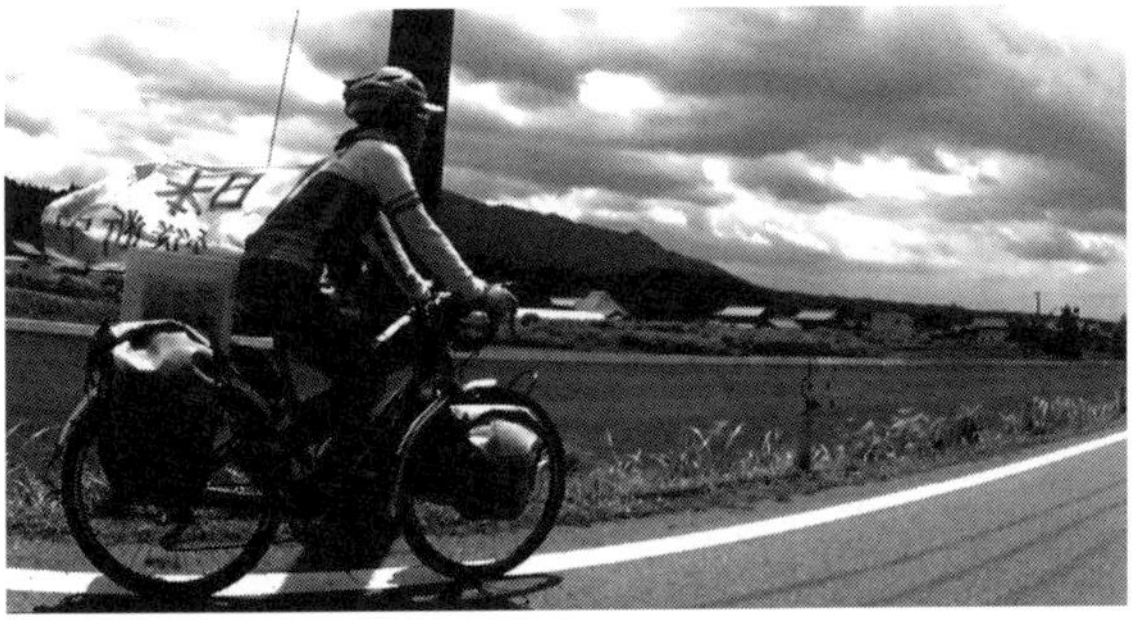
ゴールの日本最北端の地に向けて57日間で3,824㎞を走った

親切な人は紙に書いてくれるが、達筆なのか下手なのか字が読めないことも。初対面の相手に「これは何て読むのですか？」と聞く勇気もない。

だんだん人に聞くことが億劫になってきた。ニッポン中のためらう人にと思って始めた旅だったが、これじゃ一番ためらっているのは私じゃないか。いや、ためらうどころか、諦めてしまっている。笑えない。

自分の勘が一番頼りにならないのにこの道を行く！とやけっぱちになって自転車を漕ぐが、かなりの遠回りとなり、ヘロヘロになって不機嫌になるというパターンを繰り返した。

これは私の聞き方が下手で、分からなかった時にどのように尋ねるかという技術の問題である。要は私のコミュニケーション力のなさだ。

「それは甘えだよ」

複数の人との会話についていけず孤独を感じた経験は、聞こえない人のほとんどが持っている。

私は紙に書いてほしいけれど、相手に余分な労力をかけてしまうからと黙って我慢してしまうタイプだ。勇気を出して飛び込んだ居酒屋でオーナーやお客と1対1で話せるようになっても、1対複数だと会話についていけない。

映画「Start Line」に、広島県呉市の居酒屋で数人の話に入れず外に出た後、堀田さんに怒りをぶつけた場面がある。

「どうやってあの状態に入れっていうの？　口の動き、読み取れないんだよ？『書いて』と言ったって酔っぱらっているから書けないじゃん！」

「聞こえてる人でも同じだよ。下手くそな人は同じ」

7月の広島県。台風が近づいているせいかゴーゴーと風が吹き荒れている。

「会話に入れないのは聞こえないせいじゃなくて、その話に関して知識がないから。彩さんが耳、聞こえていても分からないよ」

「じゃあ、どうすればいい？　黙っていればいいの？」

「普通の人だったら、黙ってる」

異論はないが、私の辛い気持ちは解消されない。

「でも、3人の中であなたが一番身近な立場でしょ！」

「それは甘えだよ」

堀田さんは冷静に切り捨てた。

「黙っていたら、彩さんが聞こえないから分からないのか、それとも話題に興味がないから入りたくないのかと相手を悩ませてしまう。『分からないから我慢する』というのはお互いにとってプラスにならない。損だ。『書いてもらえると嬉しいです』ときちんと言葉にして伝えず、相手に察してほしいというのは甘えだ」

その言葉はグサッと胸に突き刺さった。旅でも、日常生活で感じていたコミュニケーションの壁にぶつかった。本当の気持ちを言えずに黙っていることは、相手に気を使っているようで、結局は自分を守っていただけだったのだ。

「書くの、めんどくさい」という顔をされて傷つきたくない、分からないことを聞くのは恥ずかしいと分かったふりをしたり、我慢したりしてしまう自分がいる。そんな弱い自分と向き合うことは辛く、人のせいにしていた。

毎日もがきながら、泣きながら自転車を漕いだ。

タイヤがパンクした青年

沖縄を発って、九州、中国、東海、関東を走り抜け40日が過ぎ、旅に慣れてきた頃のこと。宮城県栗原市の国道を走っていると、道端で自転車のタイヤチューブに空気を入れている青年がいた。

タイヤがパンクしたのだろう。その横を通り過ぎた。すると後ろを漕いでいた堀田さんが私を追い越し、歩道に自転車を停めた。私も停まった。

「タイヤがパンクしている人がいたの、気づいてた？」

冷たい表情で問う。

また叱られる……。心が固くなる。

「気づいてたよ」

「無視するの？」

「自分で空気を入れてたよ」

「できてた？」

「私は自転車屋さんじゃないから分からない」

「あたしが自転車屋さんでしょ」

「私は何もできないもん」

「何もできないってあなたが決めてるだけじゃん！　そう思い込んでいるだけじゃん！」

堀田さんは自転車にまたがるとUターンし、さっき来た道を戻った。

しばらくすると帰ってきた。

「あたしの空気入れを貸したら直った。空気入れを貸すことはあなたにもできるでしょ」

私はその言葉を素直に受け入れることができなかった。何もそんなに厳しく言わなくてもと、堀田さんの強い口調に腹を立てていた。

お盆休みが過ぎた頃、札幌で休養日を設けた。テレビ塔の見える公園で自転車のチェーンに油をさしながら、自転車がパンクした青年のことを考えた。

私は聞こえないことを引け目に感じているから、人を助けるという発想がなかったのかも……。それは怖い。視野が自分の内側に向かってしまうと、周りへ目をやる余裕を失ってしまう。

その晩、堀田さんと向き合った。

「あの時、空気入れを貸すのは私でもできた。でも、聞こえない私が声をかけたとしても、相手に手間をかけちゃうかもしれない。暑い中、一生懸命タイヤに空気を入れているのにさらに筆談をさせてしまったら申し訳ないって思う」

「自転車が初心者の彩さんが助けられるかっていったらそれは無理かもしれない。でも、困っている時は誰かが一緒にいるだけでも安心するよ」

「私でも安心するのかな」

「もちろん。もちろんだよ」

少々呆れながらも強くうなずいた堀田さんの言葉に涙が出てきた。自分の存在を丸ごと肯定してもらったようだった。

小さい頃から、私は心のどこかで自分は無価値だという思いがあった。学校でいい成績を修めても、映画で注目されるようになっても常に「聞こえない私なんかいない方がいい」と投げやりになる自分がいた。

「もちろんだよ」という言葉に長年抱いていた思い込みが溶けていった。

ウィルと過ごした6日間

旅も終わりに差し掛かった8月20日、北海道石狩郡の道端で水分を補給していると、若い外国人男性が堀田さんに声をかけてきた。これがウィルとの出会いだった。

オーストラリアから来日したウィルは、鹿児島から宗谷岬を目指して自転車で旅をしているという。目的地が同じなので、一緒に走ることになった。

19で聴力を失ったウィルは、人工内耳を使用している。耳が聞こえないだけでなく、生まれた年月も私と同じと分かると急速に親しくなった。

しかし、旅で出会った人々の中でウィルが一番、コミュニケーションをとるのが難しかった。聞こえる人とは筆談でやりとりができる。しかし、ウィルとは日本語での筆談は厳しい。私はアメリカに1年間留学した経験があるとはいえ、帰国後ほとんど使わなかった英語はさびついている。

お互いに頼りない日本語、英語、身ぶりで話した。通じなかった時は言葉を変えたり、身ぶりで表したりして一生懸命自分の思いを伝えようとする。相手の話を全身を傾けて読み取ろうとする。なかなか通じないじれったさ、もどかしさもあったけれど、それは通じた時の喜びをより大きいものにした。私とウィルの間に壁はなかった。

滝川の道の駅で、コンビニで買ったつまみを並べて飲んでいると、大学生のグループがやって来た。「コミュニケーション」がテーマの映画にいいと思ったのか、堀田さんが学生に私とウィルを紹介した。

「沖縄から北海道まで自転車で旅をして映画を撮っている監督と、オーストラリアから来た自転車乗りだよ」

「ミンナ、トウキョウノヒト?」

ウィルはくったくのない笑顔で尋ねた。

「はい」

「ジテンシャデ、トウキョウカラ?」

「飛行機、エアプレーン」

学生は目を上にやりながら、つたない英語で応える。

私はだんだんこの場から逃げ出したくなってきた。でも、逃げちゃだめだ。コミュニケーションの映画を撮っているから、何か話さなくちゃ。

焦燥感にかられながら、ウィルと学生のやり取りをカメラに収めた。

数日後にウィルに悩みを打ち明け、聞いた。

「どうしてそんなに聞こえる人と話せるの？」

「ピープル　インサイド　オナジ」

ウィルは覚えたばかりの「同じ」という日本の手話で表した。

ウィルと堀田さんと私の３人で自転車を漕いだ６日間は、旅だけでなく私の人生においてかけがえのない時間になったといってもは過言ではない。


「ダイジョウブデスカ」


いつも笑顔をたたえているウィルは、誰とでも隔てなく話せる。自転車乗りと談笑しているのを見ると「コミュニケーションの出来不出来」は聞こえないとかではなく、その人の性格や考え方によるのだと理解した。

堀田さんが口を酸っぱくして言っていた数々の言葉にやっと納得がいった。かといって人間、すぐに変われるものではない。年代も性別も異なる相手に何を話せばいいのか。ギラギラ照りつける太陽の下で１日平均70キロの距離を漕いで、体力も気力も使い果たした頭では思いつかない。誰とでも仲良くなってしまうウィルと一緒に旅を続けるのが、だんだんしんどくなってきた。

1人になりたい。でも、映画のテーマは「コミュニケーション」。話さなくちゃ。でも、話しかける勇気が出ない。ウィルにはできる。私にはできない。自分はダメで弱い人間なんだ……。

自分が嫌いになり、苦しくなった。

ウィルとの旅が始まって4日目の朝。ウィルへの嫉妬、自己嫌悪、自信喪失で心がぐちゃぐちゃの私は3人で旅する気持ちになれない。

「今日は1人で漕ぎたい」と堀田さんに伝えると、1人にさせたら危ないと思ったのか「ウィルと行ったら?」と言う。

ウィルに英文でメールを送り、海に面した広場で会うことに。ベンチに腰かけた私は自分の思いを伝えようとつたない英語でノートに書きつけた。

「聞こえる人との会話に入れない。とても寂しい。もうすぐ旅が終わってしまう。でも、私は何もできていない。何をすべきなのかと毎日考えながら漕いでいる」

隣に座ったウィルに見せると、何も言わず大きな手を背中に置いた。ウィルの温度を背中に感じながら涙と一緒に込み上げてくる感情を解放した。

気持ちが落ち着くと稚内を目指して走り出した。ウィルは自転車乗りとすれ違うたび、手を振ったり親指を立てたりして自分の気持ちを伝えている。小樽から稚内までの海沿い約３８０キロの海岸を走るオロロンラインを楽しそうに漕ぐウィルの姿に、凝り固まっていた私の心がほぐれていった。

きれいだなあ。道路の果てまで広がる海と空の青さに自分も溶けてしまいそうになりながら自転車を走らせていると、道端にフロントが不自然にひしゃげた車が停まっているのが見えた。その横に年配の夫婦がたたずんでいる。怪我はしていないようだ。

事故に遭ったんだ。大丈夫かな。声をかけようと思ったその時。

「ダイジョウブデスカ」

ウィルが自転車を停めて夫婦に近づいた。私も自転車から降りて夫婦のところへ駆け寄った。

私は打ちのめされていた。外国人で耳が聞こえないウィルが、コミュニケーションでは私よりも不利なのに「自分は聞こえない。まして声をかけて相手の言っていることが分からなかったらどうしよう」と不安になることもなく、声をかけたことに。

その時、はっとした。ウィルにとって「聞こえないこと」は問題ではないんだ。耳が聞こえない人間である前に一人の人間として、困っている人に声をかけただけなんだ——。

この出来事は今でも時折思い出す。様々な可能性を狭めていたのは「聞こえない耳」ではなく、「耳が聞こえないから」と言い訳する自分の心だったのだ。

「その通りだよ。あたしは出会った時からそのことを何回も口にしてきたよ」と出来の悪い弟子に呆れる堀田さんの顔が浮かんだ。

旅の最後の晩

旅が始まって57日目の２０１５年８月26日に日本最北端の地・宗谷岬にたどり着いた。沖縄から何千回何万回とペダルを漕ぎ続けた結果だ。

その日は奇しくも母の命日だった。私の幼少期、私に情熱と時間を注いで言葉を教えてくれた母が旅も見守ってくれたのだろう。

しかし、「やり遂げたぞ！」という気持ちには到底なれなかった。込み上げてきたのは、なんともほろ苦い思いだった。とうとう終わってしまったんだ。私は何もできなかった……。映画を撮るための旅なのに、撮影すら放棄して、監督失格である。

明日から名古屋での生活が再び始まる。旅

複雑な思いで宗谷岬に到着した

で答えを見つけられなかった私は、今後どのように生きていけばいいのか分からなかった。

「旅の最後の宿は稚内にあるライダーズハウス『みどりの湯』はどうか」と堀田さんに言われていた。全国から宗谷岬を目指してやってくるバイク乗り、自転車乗りが宿泊で利用する宿である。毎晩、旅人が輪になり、1人ずつ自己紹介をするのが名物だそう。

「コミュニケーションがテーマの映画にはいいよ」

ウィルまで映画を考えて勧めてくる。うん、分かっている。本当にその通りなんだけど、大勢の見知らぬ人たちの中に入って話すのは私の一番苦手な課題で、できれば避けたいこと。最後の晩だからこそ、ウィルと堀田さんと3人で旅を振り返りながら酒を呑み語り合いたかった。

しかし、言い訳をして逃げている限り壁は消えない、というのを今まで嫌というほど感じてきた。これが私に残された最後のチャンスだ。

大丈夫。「なんくるないさ」。沖縄からここまで漕いできたんだから。逃げ出したくなる気持ちを押し込み、「みどりの湯」に足を踏み入れた。

居間では自転車乗りがいくつかのグループを作って談笑している。内心びくつきながらも平然とした顔でテーブルに着いた。目の前では20代の若いメガネの男性が、1人でカップラーメンをすすっている。

誰も三十路女なんかと話したくないよな。言い訳を始めたくなる自分をいさめ、勇気を振り絞って話しかけた。

「どこから来たの？」

メガネの男性は気さくに何かを言う。内容がつかめなかったので、「紙に書いてもらえますか？」と小さなノートを渡した。

ミニバイクで北海道を旅しているという。私も自分の旅を話した。彼は驚いて私を見る。お互いに質問し、会話が弾んだ。

もしかして、私は必要以上に怖がっていたんじゃないか。傷つくことから自分を守っていたんじゃないか。でも、飛び込めば、世界は拓けるんだ！

近くで強面のおばさんがタバコをぷかぷかと吸っている。「みどりの湯」のオーナーだ。

私は堀田さんからアドバイスをもらっていた。「おばさんを味方につけるといいよ」と。思い切っておばさんに筆談で映画のことを伝え、撮影許可をもらいたいと申し出た。すると見かけによらず、筆談で丁寧な言葉遣いで応じてくれた。

日が暮れ、自己紹介の時間になった。堀田さんもウィルもあえて私から離れた所に座る。どこまでも映画思いの2人である。心遣いは嬉しいけれど、知らない旅人に囲まれるのは心細い。

おばさんが自己紹介の前に私のことを紹介してくれた。皆の視線を浴びながら耳が聞こえないこと、映画を撮っていることを話した。

全員の自己紹介が終わると、旅人は気の合う人や隣同士で話し始める。私の前では4、5人の青年が、広げた地図を指さしながら話している。

「何の話？」

勇気を振り絞って聞く。誰かが面白いことを言ったのか、どっと上がった笑い声で私の言葉はかき消された。塩をかけられたナメクジのように心が萎みそうになった。

このまま黙ってしまったら前の自分に戻ってしまう。勇気を出して隣でご飯を食べている青年に話しかけた。すると笑顔で

旅の最終日の夜は稚内のライダーズハウス「みどりの湯」で旅人と交流した

応えてくれた。

そうか。会話に入れない時はひたすら我慢するんじゃなくて他の人と話したり、その場を離れたり、気の合う人を探せばいいんだ。当然のことなのに「コミュニケーションをとらなきゃ」という気負いが正常な思考をできなくしていた。

中には手話を学んでいる学生もいて、自分の名前をたどたどしい手話で披露してくれた。旅で持ち歩いてボロボロになった筆談ノートには、旅人とやり取りした会話が残っている。この筆跡を見るとあの晩、あの時間を共にした青年たちの笑顔や空気を鮮明に思い出す。

編集で再び自分と向き合う

宗谷岬に着いた翌日の8月27日、過酷な旅を共にしたジャーニーさんをばらして、輪行袋に入れた。帰りも自転車で名古屋まで戻りたかったが、9月上旬に講演を控えているため断念した。稚内空港から新千歳空港を乗り継いで名古屋へ向かう道中、堀田さんに言われた。

「この旅があなたにとって『できなかった』と思うのであれば、そのできなかったことを映画にしたらどうか」

旅が終わったばかりで興奮、寂寥、失望が入り混じり、とても映画のことは考えられなかったが、その言葉は胸にしみた。

名古屋に戻り、編集を開始した。１週間ほどは過酷な旅の疲れで使い物にならなくなっているだろうと思っていたが、どんなに暑い日でも１日４食を守り、毎朝毎晩プロテインを飲み続けていたからかそんなに疲労は残っていなかった。

栄養面でも「熱中症にならないよう体を冷やす野菜を食べるといいよ」「タンパク質は筋肉になる。豆腐、卵、肉を食べるといい」「夜は糖分はあまりとらない方がいい。疲れが残るから」とアドバイスをしてくれた堀田さんに改めて感謝。

旅では私は小学生レベル（「小学生でもそんなことしない！」と子どもたちからお叱りを受けそう）だったけれど、私には映画制作がある。監督としての責任を果たすんだ！と息巻いたが、自分が主人公の映画を自ら編集するという難しさをすぐ味わうことに。映画編集も旅と同じくらい骨が折れる作業だった。

堀田さんと２人でカメラを回した３４９時間31分の映像を見ても、私は何を話しているのか分からない。会話の内容を文字に起こしてもらう必要がある。

大学の代理講師を受けてくれた新野さんをはじめ、友人知人に文字起こしのバイトを呼びかけ、映像を送った。しかし、堀田さんに叱られている場面や怒りをぶつけている場面は恥ずかしくて送れない。でも、送らなかったら文字起こしが進まない。もうプライドも恥も捨てて送った。

起こしてもらったテキストをプリントアウトして映像を確認した。ああ、私は何てバカなことをしていたんだと目を覆いたくなる。とても冷静に観られない。

親しくさせていただいているカメラマンの吉田さんから、山田進一さんという、フリーのディレクターを紹介してもらった。革のブーツを履いてやって来たシンさんは左耳にピアスをしており、一見怖そうだった。

旅の伴走者が堀田さんであれば、映画編集の伴走者はシンさんだ。旅では自分は何もできなかったので編集は頑張りたいと話し、一緒に映像を観ていった。

「これ、アヤさんが悪いよ」「堀田さん、言うことが面白い」

人とのふれあいから逃げ出し、監督業も放棄している自分に失望することもしょっちゅうだったが、それを笑ってくれるシンさんに救われた。

このように心強い仲間ができたものの、編集の間は嫌な夢をよく見た。

旅の映像を観て場面をつないでいくことは、弱い自分と向き合うこと。今は膿を出している時なんだ。腹をくくった私はどっぷり編集につかった。

映像を観ていると出会った人のほとんどが身ぶりや手ぶり、筆談で一生懸命接してくれていたことに気づかされた。一期一会の優しさが編集の疲れを癒してくれた。

そして、再認識した。相手は私が想像していたほど私の耳が聞こえないことを気にしていない。問題視しているのは自分の方だったことを。

映画で自分の情けない姿、恥ずかしい姿もさらけ出すのは抵抗があった。だが、旅での気づきを伝えるためには欠かせない場面である。

もう自分は結婚できないかも、友達も失うかもしれない、多くの人たちが私から離れていくだろうと絶望的になりながら、涙と鼻水で大変なことになっている顔も堀田さんに叱られてふくれっ面になっている場面も入れていった。「鼻水も出して泣いている監督」とシンさんにからかわれながら。

こうして約8か月間かけて、112分の映画が完成した。

最後の難関

映画が完成したとはいえ、手放しでは喜べない。最後の難関がある。堀田さんに映画を観てもらうことだ。それが怖かった。映画も否定されたら私の人格そのものの否定になる。堀田さんに確認してもらう日の前夜は緊張して眠れなかった。

翌日の2月10日、リュックにノートパソコンと映像を焼いたDVDを入れて堀田さんの勤めるジテンシャデポへ。よく晴れた日だった。

お店のカウンターでノートパソコンを開き、DVDを入れる。青空と海の間を自転車で漕ぐ私の後ろ姿が現れる。無言で画面を見つめる堀田さん。これまでの人生で一番長い１１２分。

黒画面に「Start Line」のロゴが浮かぶ。そして、映画が終わった。

堀田さんは視線をノートパソコンから私に移した。

「映画は、できるんだね」

ほーーーっ。心から安堵した。

「旅ではダメダメ人間だったけど、映画はできるんだね。映画監督だね」

堀田さんに褒められることはめったにない。飛び上がりたくなるほど嬉しかった。

家族・親族へのお披露目

映画を一番観られたくないのは、家族だった。でも、見せないではすまない。父が上映会を企画し、懇意にしている中華料理店を予約して親戚に呼びかけた。

完成を祝ってもらえるのは嬉しいけれど、映画は観て欲しくない。複雑な気持ちのまま当日を迎えた。

父の弟夫婦や妹夫婦がやって来た。いとこまで婚約者と一緒に来た。うわあ〜最悪だ。穴があったら入りたいではなく、ドリルで穴を掘って一刻も早く飛び込みたい心境だった。

スクリーンに見慣れた映像が映り、57日間の旅が始まった。上映中、父と祖母をこっそり見る。びっくりした。何と涙を流しているのだ。ええ？この映画、どっちかというとコメディだよ？噴き出して笑っているおじさんたちの隣で父と祖母は泣いている。それだけ心配して見守ってくれていたんだ、旅の間ずっと。

旅の計画を打ち明けた時、父は反対しなかった。どう思っているのか読み取れない表情をしていた。旅の準備をしている間も父は心配や不安を一切口にしなかった。しかし、内心ではすごく心配していたのだろう。

祖母は私が旅立つ朝、「彩ちゃんがいなくなると寂しい。体には気をつけてね」と送り出してくれた。これまで父と祖母と多く話すことはしなかった。だが、母と祖父が亡くなった後、悲しみを共有できるのも家族で、これからの時間を共にするのも家族という意識が生まれ、言葉を交わすようになった。

旅の準備で忙しくなると会話が減ったが、父と祖母の私に対する愛情はちっとも減っていなかった。ありがとう。お父さん、おばあちゃん。心配をかけて本当にごめんね。何も言わずに見守ってくれてありがとう。父と祖母の涙にもらい泣きしそうになり、こらえるのに必死だった。

コメディともいえる私の映画を最初から最後まで泣きながら観てくれたのは、この先もきっと父と祖母の2人だけだろう。

完成披露会

映画を二番目に観られたくないのは（「どんだけいるんだ、観られたくない人が」とツッコみたくなるあなた、自分が主人公の映画は誰にも観られたくないものである）、応援してくれたスポンサー企業の方々である。しかし、「観ないでください」というワガママは当然通用しない。

東京、大阪、名古屋の3か所で完成披露会を開き、企業の方、旅でお世話になった友人、映画制作スタッフを招待した。

会場が暗くなり、映画が始まった。緊張の112分。時々笑い声が起きる。

舞台挨拶では、スポンサー企業1社ずつ名前を呼び、感謝の気持ちを伝えた。プロテインを提供してくれた健康体力研究所の湧川さんに堀田さんが言った。

「御社のプロテインは効果てきめんでした。プロテインは監督が持っていたんですけど、北海道に入った頃、ケンカして渡してもらえなかったんです。それで私、飲めなかったんです。監督だけ飲んでいて。旅が終わった後、私は体重がマイナス12キロになってしまいました。監督は0・5キロ増えました」

どっと笑い声と驚愕の声が上がった。私はその隣で小さく小さくなっていた。スポンサー企業の方々は私に「よく頑張ったね」と声をかけ、堀田さんには「お疲れ様でした」とねぎらってくださった。

東京の披露会にはウィルも駆けつけてつたない日本語で挨拶をした。

「ミミガキコエナイ、ヒトハ、ワタシノ、ヘタナニホンゴヲ、キカナクテスミマスネ」

ウィルは、ここでもウィルだった。

3番目の伴走者

堀田さん、家族親族、スポンサー企業に観ていただくという三大難関をクリアした私を待っていたのは、宣伝配給だ。映画を劇場に紹介し、多くの人に足を運んでもらう仕事である。

当初は配給も自分でと考えていた。しかし、何人かの映画関係者に相談した結果、プロにお願いした方がいいと考えるようになり、配給会社に依頼することに。

通常は制作の段階から配給会社も関わって準備していくので、このタイミングではなかなか見つからなかった。過去に映画を上映してもらった東京のケイズシネマ（K's cinema）に西晶子さんを紹介してもらった。1人で配給会社を立ち上げたばかりの西さんは私と同い年。独立して初めての作品として私の映画を請けてくれた。

宣伝は半年以上かけて行うものだが、「Start Line」は制作スケジュールが遅れに遅れたため、これ以上は応援してくれた方やスポンサー企業を待たせられないと3か月間でやってもらった。

全国のミニシアターへの交渉と調整、プレス資料の作成、試写室の手配、マスコミへの試写状の案内作成、送付と次から次へとやることが湧いてくる。西さんに依頼して大正解だった。

地方の劇場は東京での興行成績で決まる。東京ではケイズシネマでの公開が決まった。初日は2016年9月3日。東京公開を成功させるために6月から8月の間、試写会を4回開くことになった。試写後に映画関係の新聞や雑誌などマスコミからの取材を受けるのだ。

試写会当日の朝、西さんから連絡が入った。朝、コップを落として割ってしまっただけでなく事務所の本棚も倒れたのだそうな。朝から続くハプニングで試写室への到着がギリギリになるとのこと。大丈夫なんやろか……。こうして、西さんとの二人三脚の旅が始まった。

表情豊かな西さんは身ぶり手ぶりでゆっくり話してくれるので、何回か顔を合わせているうちに、手話通訳なしでもコミュニケーションがとれるようになった。いいことだけでなく、悪いこともスパッと指摘してくれる。とても仕事がしやすかった。

「映画のラストをきれいにまとめなくてもいいんだよ」

「旅の途中で諦めてもいいんだよ」

物語はハッピーエンドにまとめたいという下心があったが、西さんとやり取りする中でもっと自由に作っていいんだと考えるようになった。またしても素敵な伴走者に出会った。

縁の下の力持ち

宣伝配給や劇場公開で力になってくれたのは東京の手話通訳者たち。とりわけ母と同年齢の相澤千恵子さんと母の友人でもあった中島さんには感謝の二文字しかない。名古屋でお世話になっている手話通訳の北村さんから紹介してもらった。

マスコミの取材では何度も何度も同じ話を繰り返したので、ずっと通訳してくれた相澤さんは私が体調を崩しても代弁者として語れるほどだ。相澤さんは、舞台挨拶やゲストトークでさらに手話通訳が必要な時は、知人の通訳に呼びかけてくれた。初めての舞台挨拶ではホールの通路で緊張しながら待っていたけれど、相澤さんがいてくれたので心強かった。

上映後、観客に感想を聞く際にビデオカメラを回したり、小銭が足りないとすっと両替してくれたりと通訳以外の場面でも笑顔でかいがいしく世話を焼いてくれた相澤さんは、私がジーンズのベルトを忘れた時は「はい！」とすかさず、自分の腰からベルトを抜いて渡してくれた。

「今日はお客さんが多かったね」「今日はちょっと少なかったね。でも、いい感想をもらえたね」と宣伝活動から東京公開の間は相澤さん、中島さんと喜怒哀楽を共にした。

公開の最終日は、もう頻繁に顔を合わせることはなくなると思うと寂しくて涙があふれた。

今でも上京するたび、相澤さんに通訳を依頼したり、映像制作を手伝ってもらったりとお世話になりっぱなしだ。相澤さん、中島さんをはじめ、地方の劇場公開でも多くの通訳者が支えてくださったお蔭で安心してキャンペーン活動ができた。

映画の宣伝活動で

東京での興行が終わると地方で劇場公開が始まる。沖縄から新潟まで映画の宣伝で全国各地を飛び回り、21の映画館で公開された。

旅は終わってしまったけれど、私の人生は続いている。リベンジだ！　旅で避け続けていたゲストハウスを予約した。

宣伝活動が終わり、夜遅く宿に戻った時はくたくただった。

頑張ってコミュニケーションをとらなくてもいい。でも、せっかくだからと受付にいる青年に映画のチラシを渡し、近くの劇場で公開されると伝えた。すると、これから自転車旅をするスタッフがいるから話をしてやってほしいとのこと。

「もちろん！」

快諾して旅を計画している若者に自転車旅の経験を話した。キラキラと瞳を輝かせて見つめる彼に疲れも吹っ飛んで、自転車旅は初心者なのに偉そうにアドバイスまでしてしまった。そのほとんどは堀田さんの受け売りだが。

海外青年協力隊をしている中年男性客も会話に加わった。人数が増え、話についていけるかなと不安になったが、それは杞憂だった。彼は海外で言葉が通じなかった経験があるからか、時折私に分かりやすく話してくれた。３人で夜遅くまで話し込んだ。

うわあ、楽しい！　めっちゃ楽しい！

私は順番を間違えていたことに気づいた。旅ではコミュニケーションをテーマにしていたので、仲良くなりたいと思う前に話さなきゃと焦っていた。本来ならば、この人と話してみたいと思った時に勇気を出して声をかける。それだけなのだ。自分が疲れている時や大勢で盛り上がって入りづらい時は無理に参加する必要もないのだ。

「ゲストハウスを利用するようになったよ」と得意げに堀田さんに報告すると、「そういうところはコミュニケーションを楽しみたい人が集まるところだからね。普通の人と話せるようになってね」とつれない返事。相変わらず厳しい堀田さんだった。

聞こえる人を身近に

何人かから「宗谷岬へゴールすることができ、自信になったでしょう」という言葉をいただく。しかし、旅では一歩しか踏み出せていないので「自信はあるか」と聞かれたら、答えは「ない」。

ただ、1つの発見があった。映画が全国各地で上映されると、聞こえる人、聞こえない人、自転車乗りと様々な人が観に来てくれた。上映後、「実は私もコミュニケーションが苦手なのです」と私に打ち明ける聞こえる観客も少なくなかった。

ええ？　聞こえるのに苦手？　心底驚いた。聞こえる人はわざわざ顔を合わせなくても会話が耳に入ってくる。スムーズにコミュニケーションできているというイメージがあったからだ。しかし、それは思い込みだった。

耳が聞こえない人の中には、ウィルのように誰とでも打ち解けてしまう人もいる。コミュニケーションは耳が聞こえるかどうかは関係ない。

聞こえる人も苦手なりに頑張っているんだ。悩んでいるのは私だけじゃないんだ。なーんだ。その時初めて、聞こえる人の存在を身近に感じた。自分も頑張ろうとエネルギーが湧いてきた。

時代遅れの切り札　～福岡県春日市上映で～

２０１７年の冬、久留米聴覚特別支援学校の中学部で自転車旅の経験を話した。旅に出る前は「聞こえる人との会話は難しい、聞こえない私なんかに興味を持ってくれる訳がない」という思いがあり、最初から諦めてしまっていたこと、でも、それは私の思い込みで聞こえる人もコミュニケーションを頑張っていることを。

真剣な顔で食い入るように私を見ている19人の生徒たち。彼らも聞こえる人とのコミュニケーションに悩んでいるんだと切なくなった。どうか頑張ってほしいという気持ちで学校を後にした。

その翌日、福岡県春日市で開かれた上映会で地元のろう者が言った。

「昔は差別がたくさんあり、社会を変えるために『聞こえないからできない！』と運動をしてきたけれど、今は理解が広がってきている。でも、ろう者は『聞こえないからできない』という時代遅れの切り札を使って逃げている」

自分のことを言われているようだった。「時代遅れの切り札」を遠くへ遠くへ捨て去りたい。

名古屋に戻ってしばらく経った日、支援学校の女子生徒から作文が届いた。「私は、正直、聴者とのコミュニケーションが嫌いです」と始まる文に昔の私が重なった。うまくできるかなと不安に思っていた職場体験で「頑張るしかない」と前向きに取り組んだ結果、人の優しさに気づき、充実した日を過ごした彼女は自分から物事に関わろうと決意する。しかし、なかなか勇気が出ず、実践できないでいたという。

そんな時に私の講演を聴き、「聞こえないからコミュニケーションができないのではなく、下手だから」という言葉に励まされたのだそう。

堀田さんが私にくれた言葉は、悩んでいる子どもたちの背中をも押した。

コミュニケーションが上手とは？ ～北海道士別市上映で～

2019年2月は北海道で上映があり、士別市へ。「今週末は強烈な寒波がやって来る」とニュースで報じられ、どんな世界なんだろうと怖くもあり、楽しみでもあった。

主催者である士別市社会福祉協議会の生方さん、古川さん、手話通訳でもあり、今回の上映の立役者でもある加納さんが旭川空港まで迎えに来てくださった。

今回の上映は旭川で映画を観た加納さんが「ぜひ、士別でも！」と社協に提案し、実現した。

士別駅まで公共交通機関を利用して向かうつもりだったが、生方さんたちが「雪でダイヤが乱れるかもしれないから」と車で2時間かけて迎えに来てくれた。

空港を出ると辺り一面雪で真っ白。マイナス15℃と電子掲示板で表示されているのをスマホで撮ろうとしたが、寒過ぎて撮れない。ええ？　こんなのあり？

氷点下の世界は、空港から駐車場まで少し歩いただけで冷気がジーンズを通り越してブルブル。下にタイツを履いてもこんなに寒いなんて！　やはり名古屋とは違う。

吹雪の中をゆっくり進み、士別市に入ると「ようこそ、羊の街へ」と羊のイラスト入りの看板が目に飛び込んだ。しかも、看板は1つだけではない。あちこちに立っている。士別市はサフォークという顔の黒い羊を育てているのだ。

テンションが一気に上がった。何を隠そう（隠すほどのことでもないが）私は干支も星座もひつじ！　ひつじ年のおひつじ座生まれなのである！（強調）いい気にならないではいられまいか！

生方さんがボッチャ大会や食事会、中・高生のワークキャンプも入っていて、やること満載のスケジュールを検討し、映画の上映の間にめん羊館を見学する時間を作ってくれた。顔の黒いサフォークさんとのご対面にテンションは絶頂に達し、顔がにやついてしまった。剣道7段を保持し、士別剣道連盟の副会長兼理事長も務めている生方さんと3日間行動を共にしたのだが、生方さんには堀田さんに似ているところがあった。私を叱るところではない。武道家であり、観察力が鋭く思いやりがあるところだ。

士別に着いた晩、ホテルの近くの串屋「咲夢来」で食事をした。私は居酒屋の雰囲気が好きである。それを生方さんに伝えると、映画の中でウィルと飲みながら話している時、私が最後の1本の焼き鳥を食べたこともあって、ここを案内したと教えてくれた。当初、生方さんはホテル内のレストランを考えていたそう。居酒屋の雰囲気が好きと自分の気持ちを伝えなければ、生方さんの思いやりに気づかないままだった。

編集や上映で何百回も旅のシーンを目にしているのでほとんどの場面は頭にあるが、最後の焼き鳥を食べるというシーンは心当たりがなかった。

めん羊館から戻った私は、客席の後方で映画を観て赤面した。ウィルが星空を見上げ、「メニーメニースター。でも、同じ星はない」と素敵な話をしている時、私はラスト1本の焼き鳥の入っているパックに手を伸ばしていたのだ。

うわあ。これを生方さんに見られたのか！　いやいや、生方さんだけでなく、皆に見られているということなのか。急に恥ずかしくなった。

生方さんに映画の感想を聞くと「2つに分かれると思う」と話してくれた。

「答えを見つけられなかったという結末で、何を言いたいのか分からないという感想と、今村さんを見て『じゃあ、自分はどうなのか』と問われるという感想。私は映画を観ている間、自分はどうなのかと問いました」

確かに生方さんのおっしゃる通りだった。観客の反応は大きく2つに分かれる。宗谷岬に着いても答えはなかったという場面に「じゃあ旅は何だったの？　答えは？」と物足りなく感じる観客と、私に自分を重ねて自身のコミュニケーションを見つめる観客に。それを伝えると生方さんは言い切った。

「皆がいいという映画より、意見が2つに分かれる映画の方がいい映画だと思います」

「Start Line」はコミュニケーションを中心に据えた映画なので、時々「コミュニケーションが上手というのはどういうことを指しますか」という質問をいただく。

それは人によって異なる。「相手の気持ちを引き出すのが上手」「話し上手ではなく、聞き上手」「ここぞという時、的確なツッコミを入れて人を笑わせる」「初対面でも臆面もなく、人の輪に入って楽しめる」というように。

私は会話や振る舞いでその人の好みや考え、望みをすくい取り、さりげなく行動する人に憧れている。世話をし過ぎたり、配慮が足らず、後で「ああ、こうすればよかった」と両端を行ったり来たりしているからだ。まさに生方さんは師匠にしたい方だ。

梅が咲き始めた頃、生方さんから鹿の肉が届いた。

旭川空港で生方さんに会った時のこと。いただいた名刺の裏を見ると猟友会士別支部の専務理事と載っていた。ええ！　猟？　なかなか猟をしている方にお目にかかれない！と俄然興味を示した私は居酒屋で猟について矢継ぎ早に質問したのだ。生方さんはそのたびに、丁寧に答えて最後にこうおっしゃった。

「今度、鹿の肉を送るよ」

酒の場にもかかわらず、その約束を覚えてくださっていたのだ。生方師匠、ありがとうございます。自分の放った言葉を守る人に私もなりたい。


「ピープル　インサイド　オナジ」

ここまで書くと私は旅の後、立派に成長したように受け取られてしまうけれど、今でも聞こえないからできないと弱気な自分が出てしまう時がある。そんな時はウィルの言葉、「ピープル　インサイド　オナジ」（人々の中身は同じ）を思い出す。ラスト1本の焼き鳥を食べながらだったが、その言葉は今でもきちんと覚えている。

立場や文化、言葉は異なっても根っこは同じ。聞こえる人でも苦手なコミュニケーションを頑張っている。皆と同じなんだ。

これからも話してみたいなと思う人がいたら、話しかけてみよう。「人とつながりたい」という気持ちを諦めないで。ちょっとの勇気と工夫で相手と心が通じ、「楽しい時間だった！」「また会いたいな」という経験を積み重ねていきたい。

できなくても自分を責めるのは止めよう。人と比べて自己嫌悪に陥る必要もない。チャレンジしようと思えるまで待てばいい。スタートラインは、心のベクトルが向いた先にあるから。


毎年夏が訪れると自転車旅を懐かしく思い出す。あの夏、新しい経験を買おう！と思い切って青のクロスバイクを購入した私に拍手を送りたい。かけがえのない旅をすることができたから。

珈琲とエンピツ

「珈琲とエンピツ」
ドキュメンタリー／67分／日本語字幕・英語字幕／2011年

コミュニケーションは声で話すことだけではない。手話だけでもない。筆談、身ぶり、そして、笑顔。相手に気持ちが通じれば、何でもありだ。一番大切なのは、伝え方ではなく、相手に伝えたいという気持ち。

映画「珈琲とエンピツ」の主人公、太田辰郎さんは、20年間勤めていた会社を辞め、長年の夢だったサーフショップを静岡県湖西市に構えた。店内には自作のボードやハワイアン雑貨が所狭しと並んでいる。土日はサーファーやフラダンスを習うおばさま、カップルや家族連れのお客さんで賑わう。

出会い

２００９年の夏、初めて太田辰郎さんに会った時、ハワイの人？と戸惑った。真っ赤なアロハシャツで包まれた恰幅のいい体の上には、日に焼けた顔があったからだ。「ハワイの血が流れているのですか」と恐る恐る聞くと「父も母も日本人です。そして、両親も妻も息子も家族全員ろう者です」と言う。

太田さんを紹介してくれたのは、豊橋聾学校に通う生徒のお父さん。お店の常連でもある。ろう者がサーフショップを経営していると聞いた時、「どうやってお客さんと話すの？」と疑問が浮かんだ。

トヨタ自動車の本社がある愛知県には、コミュニケーションをあまり必要としない工場で流れ作業に従事しているろう者が大勢いる。そこではコミュニケーションがうまくとれないために職場での人間関係に悩み、うつになったり、転職や離職をしたりする人も少なくない。

むくむくと好奇心が頭をもたげてきた私はサーフショップに足を運んだ。

見るからに「手話？　知らないっす。福祉？　興味ないっす」という風貌の茶髪の兄ちゃんが身ぶりで太田さんと楽しそうに話していた。まるで、英語の苦手な日本人と日本語が分からないアメリカ人がお互いにジェスチャーを交えて会話をしているようだった。

聞こえないがために諦めた夢、「無理」「できない」が口癖になってしまった人たちの冷めた気持ち。そういう雰囲気を漂わせているろう者もいる。太田さんにはそのような空気や、聞こえないからできないという自信のなさがちっとも感じられなかった。伝わってくるのは相手に楽しんでほしいという思い。心に余裕がなかったらそんな気持ちは持てない。

こんなろう者に出会ったのは初めてだ。太田さんとお客さんの間に生まれるものを撮りたい！　突き動かされるようなものを感じ、愛知県豊橋市の隣にある静岡県湖西市のサーフショップに足しげく通うことに。

取材は1年半に及び、サーフショップの2階に泊めてもらうこともたびたび。年末年始も泊まり、初波乗りや餅つきのイベントも撮らせてもらった。

お店に泊まった翌朝、洗面台に立つと「彩子」と黒マジックで書かれた歯ブラシが置いてあった。太田さんのさりげない思いやりに胸がじんわり温かくなった。

常連客の質問

店内で常連のサーファーに筆談でインタビューし

珈琲を淹れる太田さん

ていると質問された。

「何で太田さんを取材しているの?」

「日本で、ろう者でサーフィンのお店を経営しているのは太田さん1人だからです」

「ええ? そうだったの?」

サーファーはびっくりしていたが、私はその反応に驚いた。

「ろう者でサーフショップを経営している人、他にもいると思ったの?」

「うん、ろう者でサーフィンやっている人多いから」

店の運営は聞こえる人でも大変である。大概の人は経営者がろう者と知ると驚く。しかし、彼は日本でサーフショップを営んでいるろう者は1人だけという事実にびっくりしているのだ。

それは彼が、ろう者を「生活が大変で苦労している障害者」として見ていないからだと後で気づいた。アロハシャツを着た大きな笑顔の太田さんが彼をそういうふうに思わせたのだろう。

サーファーたちは太田さんを「たつりん」と親しみを込めて呼ぶ。手話ができない彼らは身ぶりと筆談で伝える。そこには、ろう者を助けたいという思いが微塵も感じられない。

ＣＭ制作

名古屋市内にあるテレビ番組制作プロダクションの澤田社長さんからメールをもらった。私の制作を応援してくださっている方でもある。

「日本民放連盟が主催しているコンクールにＣＭ部門があります。太田辰郎さんは魅力的な人です。彼を起用したＣＭを作り、応募してみませんか」という内容だった。

面白そう！　その話にすぐ飛びついた。これまでは１人で作ってきたので、ディレクター、カメラマンたちとの共同制作はいい勉強になる。太田さんに会う前の私だったら、迷っていただろう。いい機会だけど、手話を知らない人たちとコミュニケーションをとり、制作する自信がないと。

太田さんはボード職人になるためにサーフショップを訪ねた。弟子入りし、技術を教えてもらうために。しかし、聞こえないから無理と断られ続けた。１００以上のお店を巡り、１人の師匠と出会った。ボード作りの技術を身につけ、店を構えるまでの過程には人知れぬ苦労があったのだ。

その話を思い出し、大丈夫。「当たって砕けろ」だと話を受けた。打ち合わせやロケは「珈琲とエンピツ」のプロデューサー、阿久津真美さんも参加し、通訳してくれた。

編集はディレクターの山内さんと２人で進めた。彼女は私と同じ30代。筆談や身ぶりを交えながら作業した。何時間もある素材から映像を選び、１２０秒の長さにする。話が分からない時はその都度聞き返した。

今までの自分とは大違いである。分かったふりを繰り返していた頃は、相手は私が分かっているものだと思い、早口になる。ますます聞くタイミングを逃し、話がかみ合わなくなったらどうしようとビクビクしていた。

大切なのは伝えたい想い

ある日、山内さんに聞いた。

「私は、よく『何？』と聞いているけれど、大丈夫かな？　筆談、疲れない？」

すると彼女は答えた。

「逆に聞いてくれた方がいいよ。聞いてくれなかったら、本当に伝わっているのかなと不安になるから。筆談、疲れないよ。同じ女性で同じ映像制作をしているあなたといろんなこと話したいから」

嬉しかった。その直後、ハッとした。筆談は面倒くさい、時間がかかるから快く応じてくれない人が多いと思い込んでいたのは、私の偏見だった。聞こえる人の中には億劫がる人もいるけれど、皆がそうじゃない。伝えるための労力をいとわない人もいるのだ。

山内さんの「話したい」という純粋な思いにこれまでの行為を反省した。「分からない状況に置かれている」と伝えるのを面倒に思っていたのは自分だった。

完成したCMは２０１０年、日本民放連盟のコンクールで優秀賞、ACC賞、ギャラクシー賞と３つの賞を受賞した。大変光栄なことである。授賞式では、その年のNHK大河ドラマ「龍馬伝」の主演を務めた福山雅治の顔を拝んだ。

しかし、嬉しかったのは映像制作に関わる仲間とジェスチャーや筆談、声とあらゆる手段を駆使して一緒にCMを制作したこと。相手を知り、つながった時の喜びを味わい、自分の世界が豊かになっていった。

東日本大震災

映画の編集に取り掛かろうとしていた２０１１年3月11日、東日本大震災が起きた。制作を中断し、飛行機とレンタカーを乗り継いで東北へ向かった。

津波で大勢の人々が亡くなった。映画には海でサーフィンをしている場面もある。映画は中止または延期した方がいいのだろうか。

同年、３度目の被災地取材で「防災で大切なことは何ですか」と支援者に問うと「人と人のつながり」という答えが返ってきた。その時、頭に浮かんだのはサーフショップの太田さんとお客さんのつながり。この映画のテーマそのものである。迷いが消え、編集に没頭した。

その年の秋、「珈琲とエンピツ」が完成した。私にとって初の長編ドキュメンタリー映画である。

太田さんのお店がある湖西市で映画を披露した後、東京のケイズシネマで公開された。次々と地方の劇場でも上映が決まると、舞台挨拶で太田さんと2人、あちこち飛び回った。

「オマエのせいで忙しくなった」

そう嘆く太田さんの顔には笑みが浮かんでいた。全国から講演依頼が殺到し、サーフショップ見学ツアーを企画する手話サークルも出てきた。

心を撮る職人

太田さんが作ってくれたミニチュアのサーフボードには「心を撮る職人」と書かれている。「僕はボードを作る職人。今村くんは心を撮る職人。いい映画を撮ってほしい」とプレゼントしてくれた。

映画完成後、部屋の窓から見える桜を眺めながら自分に問う。心を撮る職人になれているかと。

太田さんが作ってくれたミニチュアのサーフボード

架け橋　きこえなかった3・11

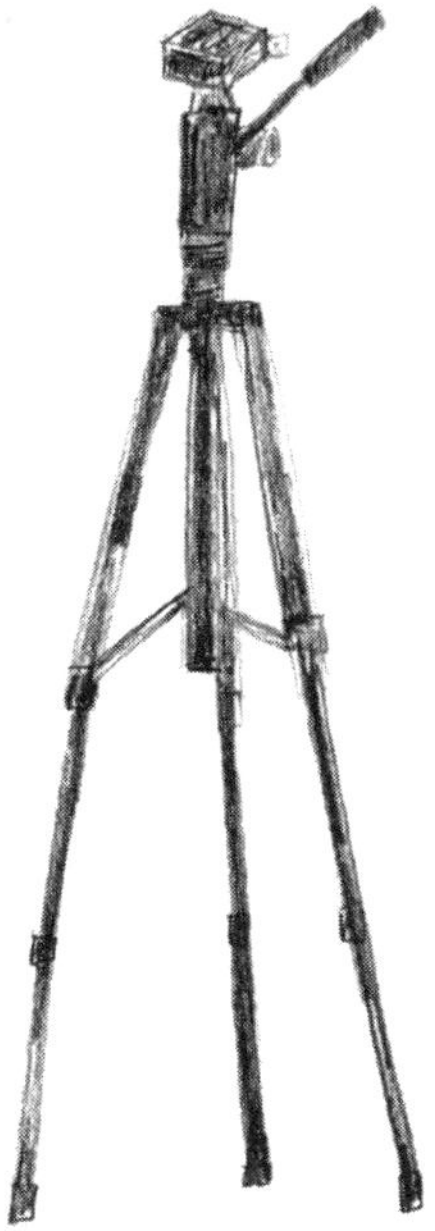

「架け橋 きこえなかった3.11」
ドキュメンタリー／74分／日本語字幕・英語字幕／2013年
ドイツ・フランクフルト〈ニッポンコネクション〉
ニッポンビジョン部門 観客賞3位
イタリア・ローマ CINEDEAF映画祭 招待上映

津波警報が聞こえなかった——。

命を守る情報に格差があってはならない。

東日本大震災の11日後に宮城を訪れ、２年４か月かけて取材。一般のテレビや新聞で報道されなかった聞こえない人たちの現状を伝えるドキュメント。

震災11日後に宮城へ

２０１１年３月11日、午後２時46分。東日本大震災が起きた。地震直後から毎日のようにテレビや新聞で報じられる被災地の状況。亡くなった人や行方不明者の数が日々増えていくのを呆然と見つめていることしかできなかった。新聞の隅から隅まで目を通していると次第に疑問が出てきた。東北にも耳の聞こえない人たちがいる。テレビを見ても新聞を読んでも、その現状を知らせる記事は見つけられなかった。

彼らは無事なのだろうか。支援の手は届いているのだろうか。

１週間経った頃、ＣＳ放送「目で聴くテレビ」（※１）から連絡が来た。取材に行けないかという。私にできるのは東北のろう者の現状を伝えることだと我に返り、震災が起きた11日後、スタッフと一緒に宮城を訪れた。ちゃんと撮れるのだろうかという不安を抱きながら。

遠いところからカメラを担いでやってきた私たちは「人の不幸を撮るな」と拒絶されてもおかしくない存在である。心細い思いで宮城県聴覚障害者協会の戸を開けると中年の男性が「遠い所からご苦労さま」と笑顔で迎えてくれた。それが本作の主人公となる小泉正壽さんとの出会いだった。

宮城県聴覚障害者協会の会長で、自動車の整備をしている小泉さんは仕事が終わると協会に向かい、会員の安否確認や支援活動について話し合う。私たちが訪れた晩も会議が持たれていたので、カメラを回した。

スタッフと一緒にレンタカーに戻ろうとすると小泉さんに声をかけられた。

「どこに泊まるの?」

「車です。でも、大丈夫です。寝袋や食料も持ってきたので」

「うちに泊まったら」

とんでもない、支援活動で疲れているのでゆっくり休んでください、と辞退すると、3月後半でも夜は気温が下がり、寒いから泊まるようにと言う。押し問答の末、小泉さんの言葉に甘えて2泊3日お世話になった。

その晩のことは今でも覚えている。玄関先の青いポリタンク、テーブルに置かれたカセットコンロ、そして、お酒でほろ酔いの小泉さんの笑顔。

晩ご飯を食べながら話していると3つの共通点を見つけた。1つ目は小泉さんと私の父が同年齢であること。2つ

宮城県聴覚障害者協会の会長・小泉正壽さんを取材

目は小泉さんの娘さんと私の年齢も同じということ。３つ目は小泉さんも私もお酒が好きだということ。あれから何度か宮城を訪れるたび、小泉さんは「いつも遠い所からお疲れさま」と変わらない笑顔で取材に協力してくれた。

翌日、避難所になっている岩沼市総合体育館に行くと菊地信子さん、藤吉さん夫婦がいた。海から２００メートル離れた家に住んでいた信子さんは地震が起きた時、部屋の近くにあるものにしがみつき、揺れが収まるのを待った。貴重品をかき集めていると近所の男性が駆けつけ、身ぶりで津波が来るから避難するように言われた。すぐ夫と車に乗り、家から離れた直後、津波が来て家が流された。近所の男性が信子さんに伝えなかったら、信子さん夫婦は津波にのまれ、死んでいたかもとのこと。心臓が縮む思いで当時の出来事を伺った。

信子さんが昭和時代から住んでいた住まいを案内してもらった。むき出しになったコンクリートや木が、そこに自宅があったことをかろうじて知らせている。

信子さんは涙を流してその跡を見つめていた。

長年暮らしていた家と日常生活が津波で奪われた。そ

津波が来た方向を指差す菊地信子さん

の心境はどんなものか。心の中で「辛い思いをさせてごめんね、ごめんね」と信子さんに謝りながら、カメラを回した。

信子さんは避難所での生活で不便を強いられていた。アナウンスや拡声器からの声が聞こえず、食料や毛布などの情報がつかめない。そのため、常に周囲に気を張りめぐらせている。疲れて眠ってしまったら、食事や救援物資を得る機会を逃してしまう。体調を崩した信子さんのマスクから時々咳が出ていた。

津波警報や避難の放送が聞こえないために命を落としたろう者がいることも知り、やるせない気持ちになった。

震度6の余震に遭遇

震災1か月後には福島県いわき市小名浜を訪れた。被災したろう者に話を聞いているさなか、震度6の余震に見舞われた。

足元がこんなにも揺れるなんて。今まで経験したことがない。石のように固まってしまった私を誰かが引っ張り、かがんだ。頭上の電線が大きく左右に揺れている。

撮らなくちゃ。冷静を取り戻し、カメラを構えた。

「あの時もこんなに揺れた」

興奮して話しているろう者を撮っていると、スタッフが叫んだ。

「サイレンが鳴っている！」

目の前に海が広がっている。車に飛び乗り、その場から離れた。

津波の警報が鳴っていた。でも、私は聞こえなかった。揺れが収まったら大丈夫だと思っていた。もし、近くに聞こえる人がいなかったら、もし、その時、本当に津波が来たら私は生きていなかった。体が震えた。

あの時、ろう者は揺れが収まったら大丈夫と思ったのかもしれない。そして、津波に命を奪われたのだ。

その晩、いわき市のホテルに泊まった。部屋には私１人。小さな余震が続いている。体は疲れ切っているが、興奮と恐怖で眠れない。もし、停電したら普段視覚から得ている情報が絶たれてしまう。そのことは世界との断絶を意味していた。

翌朝、カーテンを開けると窓から陽光が射してきた。陽射しでこんなにも安心するのか。張りつめていた緊張の糸が緩んだ。

情報社会から置き去りにされている私たち

スマートフォンやタブレットが普及し始めた頃、私はガラケーからスマホに変えた。その便利さに驚いた。いつでもどこでも欲しい情報を得られるのだ。それだけでなくＳＮＳで情報を発信し、人とつながることもできる。インターネットを持ち歩きできるなんて一昔前までは夢物語だったようなことが現実になっている。

快適な世の中になったが、その一方で、情報弱者を作り出していることに社会は気づいていない。聞こえない人たちは、いまだに津波の警報や防災無線などの情報を得られない時代に生きているのだ。

命に関わる情報に格差があってはならない。このことを１人でも多くの人たちに伝えたいという一心で取材を続けた。

１通のメール

２０１３年の夏の終わりに、１通のメールをもらった。差出人は気象庁の地震津波防災対策室の荒谷博さん。

新宿で「架け橋　きこえなかった３．11」を拝見させていただきました。映画を拝見し、本当に感銘を受けました。涙がこぼれました。

「津波警報が聞こえなかった」

「命と安全に関わる情報に格差があってはならない」という言葉は防災情報に携わる人間として、本当に何とかしなければならない問題だと思いました。

また、緊急地震速報をご存知でしょうか？

震度5弱以上の大きな揺れが来る前に、数秒から数十秒前に音声でみなさんにお知らせする情報です。

この緊急地震速報も音による情報となっており、現状では耳が聞こえないみなさんにとっては役に立たない情報であるように思えますが、何とかできないか考えているところです。


気象庁の地震津波防災対策室はまさに災害の警報や速報を発信しているところだ。その仕事に携わっている方が映画を観てくださったのだ。

返事を打ち始めると熱いものが込み上げてきた。津波の警報が聞こえなかった問題を一番知ってほしかった人に伝えられたこと、それだけでなく、何とかしたいと思っている気持ちが嬉しかった。

被災した方々を撮るということ

取材で被災して傷ついている人たちにカメラを向けるのは精神的にも辛く、自分のしていることは正しいのだろうかと何回も自問した。

被災した方々の生活やニーズは日が経つにつれ変わっていく。カメラ片手に東北へ飛び、15分ほどの映像に編集しては全国各地で上映した。1年で4本の映像を作った。(※2)

「聞こえない人たちの現状を知ることができてよかった」「伝えてくれてありがとう」とたくさんの声をいただいたが、胸中は複雑だった。

被災した人たちに話を聞くことで辛い思いをさせてしまって申し訳ない気持ち、上映や講演、編集で忙しく、取材の準備に時間がとれないもどかしさなどの感情が駆け巡っていた。

信子さんを主人公としたドキュメンタリー「音のない3.11」と宮城県立聴覚支援学校の遠藤良博先生や生徒、保護者の体験をまとめた「手話で語る3.11」を完成させると被災地の取材にピリオドを打つつもりでいた。小泉会長や信子さんたちの時間と労力をもらって取材させていただいたのに皆の思いを十分に伝えることができなかったという苦い思いや未熟な自分と向き合うのが辛かったのだ。

そんなある日、東京のケイズシネマから上映の申し出をもらった。

「珈琲とエンピツ」の配給をした鎌田さんがケイズシネマの支配人に私が編集した映像を渡したのだそうだ。2013年1月のことである。

嬉しかったが、上映の話には消極的だった。自分が納得しきれていない映像を人々は観ないだろうと。震災から2年以上経っている。関心を持って観に来る観客はいるのだろうかという不安もあった。

当事者目線で作られた震災の映画はほとんどなく、とても大事なことだ、多くの人に観てもらいたいと鎌田さんは熱いメールをくれた。

心を揺さぶられた。鎌田さんが一生懸命なのに、今自分が頑張らなくてどうする！　今まで編集した映像を見直した。使命感に燃えて感情的になっている部分もあり、年月が流れた現在にはそぐわない。空回りする。再び手を入れることにした。

編集は十分に伝えきれなかった自分と向き合う作業でもあり、辛いところもあった。毎朝毎晩、2年間撮りためた映像を観ているとだんだん物語が浮かび上がってきた。無我夢中でつなげていった。

津波の警報が聞こえない問題だけでなく、仮設住宅で生活している信子さんたち、被災したろう者の生活

仮設住宅で生活しているろう者を撮影した

や支援活動で駆け回っている小泉会長の存在も伝えたいとカットをつなげていった。

カメラを向けることさえはばかられ、まして三脚を据えて撮ることはできないと手持ちで回したため、使える映像がほとんどない。このありさまでは伝えられないと落ち込んだ。しかし、編集に120％の情熱を注ぐことはできる。少しでも心に伝わる映画を作ろうと場面をつなげたり切ったりした。

こうして、2013年8月、「架け橋 きこえなかった3.11」が完成した。

映画の公開後に届いた荒谷さんからのメールに、「架け橋」を完成させてよかったと初めて心から思えた。

支援者や被災した聞こえない人たち、津波警報が聞こえず亡くなった方々に「やっと皆さまの祈りを、想いを伝えることができました」と心の中で報告した。

社会を変えるのは映画ではない

2013年9月の初め、気象庁で荒谷さんと対面した。熱く行動力のある方で「一緒にできることからしていきましょう」と力強い言葉をいただいた。

20代の私は映画で社会を変える！と使命感に燃えていた。だが、映画で社会を変えることはできない。社会を変えられるのは人間だ。荒谷さんがそのことを教えてくれた。

「先月、高知新聞に寄稿しました」と荒谷さんから記事とメールをいただいた。高知地方気象台に赴任し、再び東京に戻られたのだ。記事では、地震発生時に聞こえない人に状況や必要な行動を伝えられるように高知県聴覚障害者協会や県手話通訳問題研究会と連携して「地震」「津波」「逃げる」の3つの手話を地元の人に覚えてもらう取り組みが紹介されている。

メールは「これからも被災地ではなく、未災地である高知の防災について考え、行動していきたいと思います」と結ばれていた。

私の知らないところでも荒谷さんのように小泉会長や信子さんたちの体験と想いに共感した人たちが、それぞれ自分のできることを実行しているのかなと思うと嬉しい。

だんだん分かっていくんだね

映画を完成させた後も毎年宮城を訪れ、カメラを回した。気になる人がいたからだ。加藤褜男《えなお》さん。小泉会長が亘理町へ救援物資を届けた時に出会った。津波で家を流された加藤さんは仮設住宅で一人暮らしをしていた。

手話で質問しても答えがずれていたり、違う答えが返ってきたりして戸惑った。加藤さんの身ぶりのような手話表現を読み取れず、彼と長い付き合いのある岡崎佐枝子さんに通訳してもらった。

手話はろう者の言語であると認識されてきているが、ろう学校では手話を禁じてきた。1933年（昭和8年）、当時文部大臣だった鳩山一郎氏が全国のろう学校に、口話の指導に力を入れるよう指示したからだ。そのため、手話を身につける機会を奪われたろう者が今も大勢いる。加藤さんもその1人だ。手話だけでなく、文章の読み書きも不十分のまま社会に出た。仮設住宅の住民たちとの交流はあるのだろうかと気がかりだった私は宮城を訪れるたび、加藤さんを訪ねた。

毎朝の散歩が日課の加藤さんは、仮設住宅に戻ると第2、第3集会所にも顔を出す。住民に手を振る加藤さんに皆も笑顔を返す。ある人は私のカメラを見て「えなおさんを追いかけているの？　スターじゃん」と声をかけてくる。

第1集会所に入った。ここが加藤さんの活動する場所らしい。

亘理町役場の臨時職員にもお話を伺った。

「加藤さんとはどのようにコミュニケーションをとっていますか」

「だんだん分かっていくんだね」

私はそこでようやく理解した。「手話や文字の読み書きができる＝コミュニケーションができる」ではないのだ。手話や筆談、口話ができても部屋に引きこもっていたら、つながる以前に周囲の人はろう者の存在に気づけない。

加藤さんが身ぶり手ぶり、笑顔で接するからこそ、住民との間につながりが生まれる。そして、それはあたたかいものだ。積極的に住民の中に飛び込んでいく加藤さんに、手話も日本語もできないからコミュニケーションができないと決めつけていた自分が恥ずかしくなった。

防災ボランティア灯りの会の上映会

東日本大震災から8年が経とうとしている２０１９年3月の晩、東京都豊島区で「架け橋」の上映会が開かれた。防災ボランティア灯りの会が企画してくださったのだ。

上映後、灯りの会の代表、佐藤裕美さんとトークをした。佐藤さんはＡＬＳという難病患者でもある。ＡＬＳは徐々に筋肉が弱くなっていく病気で難病の一つに指定され、患者は10万人に１人と言われている。

佐藤さんと２人で伊豆を旅した経験も話した。

宿泊したホテルは、屋上での星空観察が名物となっている。スタッフがレーザーポインターで星を指しながら星の名前や星座を解説した。しかし、何を言っているのか分からない。夜空の下では佐藤さんの顔も見えず、筆談もできない。そこで佐藤さんはある方法で内容を伝えてくれた。

「どうやって教えてくれたと思いますか？」と観客に聞いた。

「てのひらに書く」

「背中に書く」

最前列の女性が身ぶりで答えた。

「ああ～。でも、暗いので分かりません」

隣の中年の男性が答えた。

「くすぐったくなっちゃいます」

考え込むお客さん。

「皆さんが普段持ち歩いているものを使います」

「スマホで打つ」と何人かが答えた。

「そうです！　佐藤さんはガイドさんの説明をスマホで打って教えてくれました」

スマホは暗い所でも見られるので便利である。私は普段、店での注文や問い合わせはスマホを活用している。店員も紙より身近なスマホの方が抵抗がないようだ。

佐藤さんは旅行中、駅や施設でアナウンスが流れていたけれど、聞いて自分の中で完結してしまっていた、本当は伝えるべきだったと話していた。

なるほど。でも、私はお客の他愛ない会話を伝えてくれたことが嬉しかった。

ある時、アメリカ総領事ハリスの待妾《じしょう》、お吉の眠る寺で展示物を見ていると、佐藤さんが『お吉は美人だから早く亡くなったのよ』とおばちゃんが言っていた」と教えてくれたのだ。何だか面白おかしかった。

おばちゃんの会話はあってもなくてもいい情報だが、佐藤さんと共有できたのが嬉しかった。旅行を彩る思い出の一つとなっている。


「架け橋」には2011年3月から2013年7月までの様子が収められている。トークで「架け橋」のその後の映像も流した。映像では信子さんの近況も紹介している。

信子さんは、仮設住宅から娘家族の住まいの隣に越した。

「(手作りの)キーホルダーを近所のおばちゃんにあげて『私、手芸をしているの』と言ったら『あら〜っ』て。『これも作ったの』と言ったら『あら〜っ』て。会うようになってだんだん分かるようになったわ」と笑顔で語っていた。

佐藤さんは、臨時職員や信子さんの「だんだん分かってくる」という言葉に嬉しかったと話した。その時、私は佐藤さんを少しずつ知っていけばいいんだと気づいた。というのは、伊豆旅行の最中も帰宅後も佐藤さんのサポートが過剰だったり足りなかったりしたかなとあれこれ考えていたからだ。

打ち合わせで佐藤さんにその気持ちを話し、尋ねた。

「〝あうん〟の呼吸で助けていただきました」

いやいやいや、とんでもない。もしかしたら、佐藤さんは周囲に人がいたので気遣ってくれたのかも。それも含めて会う回数が増えていけば、打ち解けて相手の希望や考えも分かってくる。それでいいんだ。最初から完璧を目指さなくてもいいんだ。少しずつ知っていけばいいいんだ。

今度、佐藤さんに会ったらお吉の寺で嬉しかった出来事を伝えよう。

架け橋

映画のタイトル「架け橋」は、小泉会長が宮城県聴覚障害者協会の会報に載せているコラムの題から拝借した。

何回も顔を合わせることでつながりが太くなる。そして、それは非常時の命綱となる。この映画があなたから誰かに架かる橋となればこんなに嬉しいことはない。

今年も宮城に行く予定だ。最近は取材より顔を見せて近況を報告し合う感じになっている。「元気だったか」「結婚はまだか」と次回も信子さんたちに聞かれそうだ。

※1　ＣＳ放送「目で聴くテレビ」…手話と字幕で情報を伝える放送局。２０１７年にＣＳからＩＰＴＶに変わった。

※2　４本の作品
「架け橋　第1弾　~東日本大震災　宮城の被災ろう者は今~」29分
「架け橋　第2弾　~東日本大震災　1か月の被災ろう者~」20分
「架け橋　第3弾　~地域の絆~」26分
「架け橋　第4弾　~前へ進む力~」18分

11歳の君へ　～いろんなカタチの好き～

「１１歳の君へ ～いろんなカタチの好き～」
ドキュメンタリー／ 76 分／日本語字幕・日本手話／ 2018 年
（文部科学省選定）

「自分が男が好きなのは病気だと思っていた」「自然に出た気持ち、コレは本当のことだから」「世界中が敵だった、自分も含めて」「嘘をついている自分がいる」「人を好きになるのにルールなんてない」

小学生時代に自分の性をスムーズに受け入れられなかった監督が、５人のろう・難聴ＬＧＢＴの恋愛や学校生活、家族や職場を取材したドキュメンタリー。

それは、私のカン違いから始まった

２０１６年の秋。喫茶店で緊張して座っている男性を前に、私は胸を高鳴らせていた。ある期待を抱いて。しばらく沈黙が続く。

サラリーマンの彼は手話通訳の活動もしている。大学時代から通っていた名古屋駅西の映画館「シネマスコーレ」で「Start Line」が公開された時、舞台挨拶の通訳をしてくれたのが國吉くんだった。年齢が近いこともあり、意気投合した私たちはプライベートでも会うようになった。そんなある日、國吉くんから「大事な話がある」と言われたのだ。

もしかして私、告白されるのかしら。

國吉くんは意を決したのか、固く閉じていた口を開いた。

「実は……、僕……ゲイなんだ」

一瞬、頭が真っ白になった。

ここ数年で「ＬＧＢＴ」という言葉があちこちで見聞きされるようになった。しかし、私には関心のないことだった。ゲイは振る舞いが女性らしいという間違った思い込みがあった。

でも、目の前にいる國吉くんは全然女らしくない。未知の世界へと続く扉を前に、私は唖然としていた。

彼はＬＧＢＴについて話してくれるようになった。

自分のセクシュアリティーをオープンにしていないろう・難聴者には、ＬＧＢＴのイベントや講演会に参加する時、様々な不安がある。もしかしたら、顔見知りの通訳者が来るかもしれない。自分のセクシュアリティーを知られてしまうかもしれないのだ。

当然、手話通訳者には内容と依頼者の名前は口外してはならないという守秘義務がある。しかし、セクシュアリティーは家族や友人にさえ話せることではないだけに不安は消えない。そのため國吉くんには沖縄や大阪など全国から通訳依頼が舞い込むのだ。

また、國吉くんは誰かと親しくなると「彼女いるの？」「結婚は？」と聞かれるので、距離をとりながら人付き合いをしているという。

私にとっては、考えられないことだった。通訳者に対して自分のセクシュアリティーを知られてしまうかもと不安に感じることはなかったし、「この人と仲良くなりたい！」と思ったら、自分から積極的に距離を縮めていったからだ。

ＬＧＢＴであるだけで、こんなにも違うのか。周囲に気を使うのかと驚くのと同時に、自分が何も知らないことに気づいた。

『ホモ』という言葉は相手を傷つけるけど、『ゲイ』という表現は私が使ってもいいの？」

という初歩的な質問に『ゲイ』は当事者じゃない人が使っても大丈夫だよ。性を考える上で4つの物差しがあるんだよ」と國吉くんは丁寧に教えてくれた。

「からだの性」「こころの性」「好きになる相手の性」「見た目の性」。早速4本の線を引いて、それぞれの左端に「男」、右端に「女」と書いていく。これで4つの物差しが完成する。4つの線上にここかなと思うところに○をつけると自分の性が分かる。

私は「からだの性」は右端に、「こころの性」と「見た目の性」では中央から右寄りに、「好きになる相手の性」には左端に○をつけた。

「性は男と女の2つ」という価値観を疑いもせず生きてきた私にとって、新鮮な作業だった。これは一人ひとり違うよなあ。100人いたら100通りの回答があるんだろうなあ。様々な性のあり方に引き込まれていった。

それは、自分にもあてはまることだった

こうして私はLGBTに関する本を読んだり、DVDを視聴したりするようになった。そのたび、「分かる、分かる！」「自分と同じだ！」とLGBTの人たちが抱える悩みに共感した。

例えば、自分のセクシュアリティーを気づかれないよう周囲に気を張り巡らせて生活するというところ。ゲイの場合は「彼氏」を「彼女」に置き換えて話したり、あらかじめ好きな女性のタイプや女優を決めて聞かれた時に答えたりするのだそうだ。

中身は違うが、私も常に気を張り巡らせて生活している。人と話す時、相手の話を読み取ろうと一時も気を緩めず、口を凝視する。これを読話《どくわ》というのだが、その集中力が続くのは15分が限度と言われている。口の動きにメリハリのある人は分かりやすいのだが、全く口が動かない人もいる。ええい！　秘法の読唇術！と全集中力を注いで目を凝らしても分からない。逆にここまで唇を動かさないで話せることに感動を覚えるくらいだ。

「口にめりはりをつけて話してもらえますか」とお願いしても話し方は身に染みついた習慣なので、ついつい忘れて元の話し方に戻ってしまう。

こちらも「何？　もう1回言って」と何度も尋ねるのが面倒くさくなり、分かったふりを続けることがたびたびある。その結果、残るのは「楽しかったなあ、また会いたいなあ」という満ち足りた気分ではなく、「疲れた……。もう会いたくない」という疲労感だ。

そんな経験を思い出し、LGBTの人たちに勝手ながら親しみを感じた（本当は相手にその都度「分からなかったので、書いてもらえますか」とお願いすればいいだけの話だが）。

もっともっとLGBTや性を知りたいと彼らの小・中学時代の手記を読んだ。すると記憶のひだに埋もれていた小学時代の自分が出てきた。

小学生の頃の私は髪が短く、男の子と間違えられていた。スカートが嫌いでいつもズボンを履いていた。だんだん胸が膨らみ、女性らしい身体になっていくのが嫌で仕方なく、だぼだぼのシャツで体を隠した。スカートやレースのついた服やピンクは論外だった。女の子らしいしぐさや行動、言葉遣いは徹底的に自分から除外した。料理は女がするものだから、私はするもんかと決意するほどだった。

なぜ、そのような感情を抱くようになったのか。原因は、偶然に見てしまった深夜番組や大人の雑誌だ。性について知る前に性的な部分を強調し、刺激させる映像や写真に知らないうちにトラウマを負っていたのだ。それが嫌悪という感情になって噴出したのだろう。

当時の私は、「男のにおいを出している男」も好きではなかった。とにかく性を強調させるものが嫌いだった。しかし、少年のような恰好をしていると「女の子らしくしなさい」と注意される。「男らしさ」「女らしさ」が求められ、「恋愛・結婚は男女がするもの」とされている社会で窮屈な思いで過ごした思春期を思い出した。

その時、私も自分の性を受け入れることが難しかった1人なのだとようやく気づいた。性はＬＧＢＴだけの問題じゃなかったのだ。自分にもあてはまることだった。

「耳が聞こえないこと」と「ＬＧＢＴ」

「耳が聞こえないこと」と「ＬＧＢＴ」は、一見では分からないという共通点もあれば、異なるところもある。「ろう」の場合は、相手にそれを知らせ、筆談など希望するコミュニケーション手段を伝えることに大きな抵抗はない。「セクシュアリティー」は非常に個人的な部分であり、相手によっては受け入れを拒絶されるかもしれない。理解してもらいたくても軽々と口にできない。

この２つの特性を持ったろうＬＧＢＴは、「ろう」と「ＬＧＢＴ」のコミュニティーに属する。ろうのコミュニティーでは、ＬＧＢＴの理解はほとんど広がっていない。「オカマ」「ホモ」など差別表現とされる手話を無自覚に使う人や通訳者もいる。

ＬＧＢＴのコミュニティーでは、ろう・難聴者の存在はあまり知られていない。親しくなりたい、情報を得たいと思ってもコミュニケーションの壁が立ちはだかる。

今の社会は、ろう・難聴ＬＧＢＴにとって生きづらいのだ。

皆が安心して暮らせる社会にするための第一歩は、知ること。新しい世界を知ると自分や世の中を違った角度から見つめることができる。社会へ理解を広げるだけでなく、自分のためにもなる。

ろう・難聴ＬＧＢＴを取材して学校で活用できるＤＶＤを作ろうと思い立った。耳が聞こえないことだけでなく、自分の性をうまく受け入れられなかった経験があったからこそ、私は自分のためにも作りたかったのかもしれない。

ＤＶＤ制作で戸惑い

ＤＶＤに出演する人を探すため、國吉くんや知人からＬＧＢＴの人たちを紹介してもらった。本人に会うたび、私はいつも以上に緊張した。「ゲイの〇〇さん」「ＦＴＭ（Female to Male＝身体は女性で、性自認が男性の人）の△△さん」と会うだけでも緊張するのに取材で恋愛や性のことも聞くのだ。

親しくならないと話さない内容を初対面の方に語らせてしまうのは申し訳ないという気持ちだった。想像し得ない辛い経験を聞いていいのだろうかと躊躇してしまう自分がいた。

取材では、うまく自分の性を受け入れられなかった自分の小・中学時代のことも話した。そうすると今度はＤ

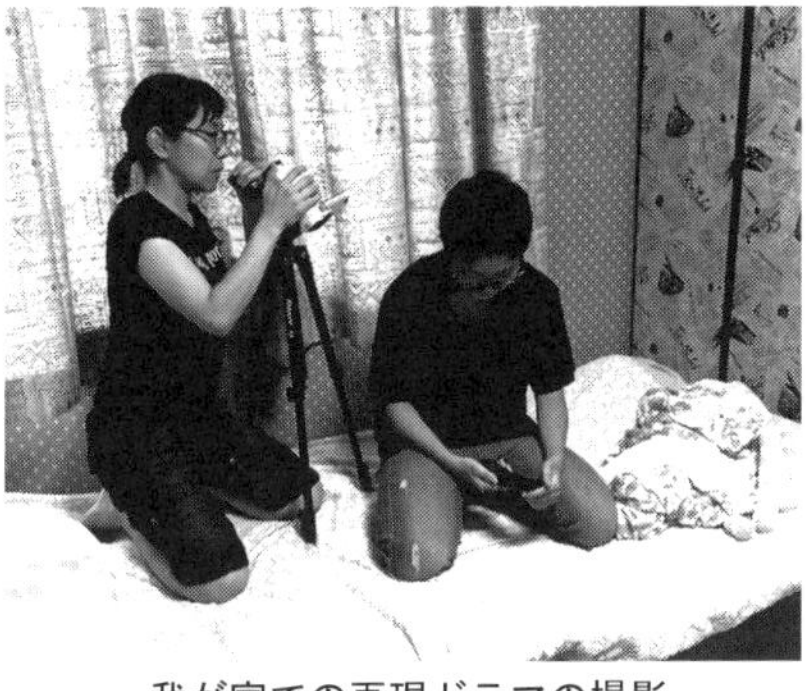

我が家での再現ドラマの撮影

VD制作のために利用しているのではという後ろめたさがつきまとった。

桜の開花が待ち遠しくなったある日、國吉くんが「ゲイの花見があるよ。よかったら、どう?」と声をかけてくれた。「ええ! そんなのがあるの?」と目が点になる。「もし、皆が嫌じゃなければ参加させてほしい」と伝えた。

花見の当日、円になっている男性グループを見て拍子抜けた。どこでもいるおじさん、お兄ちゃんばかりだったからだ。楽しそうに飲んだり食べたり話したりしている。ここにいる皆さんは男の人を好きになるんだ。私と同じなんだ!と勝手に親近感を抱いて興奮した。それと同時に低俗な考えの自分に落ち込んだ。

最初にゲイという情報を知ってしまうと、どうしても「〇〇さん」ではなく、「ゲイの〇〇さん」と見てしまう自分がいる。意識するまいと思えば思うほど意識してしまう。花見では何を話せばいいのか分からず、にぎやかに話している男性たちをただただ眺めていた。

迷い

ろう・難聴であり、LGBTでもある人の人口は少ない。初めてろう・難聴LGBTと出会うのがこのDVDという子どもがほとんどだろう。出演者を紹介する時、頭を悩ませた。学校で使う教材なら、〇〇さん(ろう者/ゲイ)、□□さん(難聴者/レズビアン)

と最初に表示した方が分かりやすい。しかし、それでいいのだろうか。

子どもたちは新しいクラスになった時、相手を何も知らないまっさらな状態で仲良くなれそうな友達に勇気を出して声をかける。気が合えば一緒に行動したり、家に遊びに行ったり来たりする。こうして徐々に相手を知っていく。

ＤＶＤの出演者たちにも「名前は、○○さんというんだ」「犬が好きなんだ、僕と同じだ」「犬が好きな○○さんは、身体と心の性が違うんだ」と少しずつ、人となりを感じてほしい。

私にはテレビや新聞で映画や制作活動を紹介していただく機会がある。そのたび、見出しには「ろうの映画監督」「聴覚障害のある監督」という言葉が必ずと言っていいほど載る。読者にとっては分かりやすいし、必要な情報だと理解していても、「聞こえないことは私の一部であって全てではない」という違和感があった。

自分がされていい思いをしないことは人にもするまい。そこで、出演者の紹介は名前だけにした。授業で使うＤＶＤで「セクシュアリティーや障害を表示しない」とい

地元の小学校で再現ドラマの撮影を行った

う決断は矛盾しているかもしれない。実際に何人かの友人から「分かりづらい」と言われたこともある。

しかし、それでいいのだ。「分からない」ことは大事だからだ。「分かった」と思ってしまったら、それ以上理解しようとしない。深く掘り下げることを止めてしまう。

その一方で「分からない」「もやもやしている」という気持ちは残る。後々何かのきっかけで「知ろう」とアクションを起こす可能性を秘めている。「分からない」「もっと知りたい」とＤＶＤの視聴後に関心が高まれば嬉しい。

カテゴライズ

思い起こせば私はこれまでも、ＬＧＢＴの人たちとの出会いはちょこちょこあった。アメリカに留学した時に初めてできた友達は、体は男性、心は女性、好きになる性も女性だった。頭がこんがらがった。体が男性で好きになる性が女性だったら、心は男性でいいんじゃないの？と思ってしまった。しかし、日本文化に興味を持った彼女と行動するようになると次第に彼女にとっては自分が女性であり、女性を好きになるのは自然なのだと感じるようになった。

ルームメイトに手話通訳を目指しているレズビアンもいた。陽気な人でレズビアンであることをオープンにしていた。

帰国後もＬＧＢＴの人たちとの出会いがあったが、時間を共にする中で本人からカミングアウトを受けなくてもなんとなくそういう人なのかなと肌で感じるようになった。

例えば、タナカさんという人間と時間を積み重ねていきながら、自分なりに「タナカさんはこういう人」という像を築いていく。軌道修正したり、補足したりしながら。取材で得た知識や「ゲイ」「レズビアン」などのカテゴリーにタナカさんをあてはめると違和感を覚えた。タナカさんは、私にとってはタナカさんだからだ。

しかし、その反面、カテゴライズの重要性も感じている。私がＬＧＢＴの存在を知ったのも「ＬＧＢＴ」という言葉のお蔭である。その言葉がなかったら知らないままだった。

ＬＧＢＴの言葉を通して様々な社会の問題を知った。例えば、ゲイやレズビアンにとってぶつかる壁の一つに結婚がある。日本では同性愛者には法的な結婚がいまだに認められていない。他にパートナーと死別した時、遺産を相続することができないなど異性愛者が当然のように享受している権利がないのだ。

話は少々飛ぶが、１９７３年までろう者は運転免許を取る資格がなかった。住宅ローンの利用も私が生まれた１９７９年まで認められなかった。ろう者は「準禁治産者（心神耗弱・浪費癖のため、家庭裁判所から禁治産者に準ずる旨の宣告を受けた者。法律の定める重要な財産上の行為についてのみ保佐人の同意を要した）」と見なされ、家業を継ぐこともできなかったのだ。不平等な法律の壁にぶつかるたび、ろう者は団結して権利を訴え、勝ち取っていった。

住宅ローンの利用が認められ、40年経った今、「準禁治産者」の意味を改めて読むと、当時はこのように考えられていたのかと、腹が立つのを通り越して苦笑してしまう。

ろうの先輩やその家族、手話サークルや手話通訳者など、多くの人たちの汗と涙のお蔭でこの40年で手話が広がり、人々の意識が変わったのだ。現在もろう者やその仲間たちは全国各地で、手話を言語として認めてもらおうと運動している。

このように社会を変えていくためには当事者が自ら声にすると共感を呼ぶが、そのためにＬＧＢＴの人たちにカミングアウトを強いるのは本末転倒である。カミングアウトは他人から強いられるものではなく、するかどうか、もし、するのであれば、いつ行うのか、誰にするのかを自分で決めるものだからだ。

私は講演や上映に呼ばれるたび、会場で「11歳の君へ」のチラシを配りまくっている。不平等な法律に対して「え、それちょっとおかしいんじゃないの？」という感覚を持つ人が増えるように。「昔は同性婚ができなかったの？」と驚く未来が早く訪れるように。

立場が逆転

あなたは「多数派と少数派、どちらの立場ですか？」と問われたら何と答えるだろうか。DVDを作るまでは、自分はろう者という少数派であることを疑いもしなかった。

取材に応じてくれた人から「あなたは当事者じゃないから……」と申し訳なさそうに言われた。その時はただ新鮮だった。私は少数派であり、当事者というスタンスで意見を述べたり、映画を撮ったりしてきたからだ。環境が変わると立場はいとも簡単に逆転してしまうものなのだ。折に触れ、多数派とされている「聞こえる人」の気持ちを想像したり、考えたりするようになった。私は上映会や学校の福祉実践教室などで、人前で話す機会が多い。参加者はチラシなどで、今村は「ろう者」「聴覚障害者」であり、「映画監督」という情報を得る。「わたし」という1人の人間ではなく、「耳の聞こえない映画監督」と出会う。ろう者と出会った経験がない人は構えてしまうだろうなあ。不安でいっぱいだろうなあ。何を話していいのか分からないし、質問があっても本人に聞いていいのか躊躇してしまうだろうなあ……。

打ち上げで

「11歳の君へ」の完成打ち上げで、声をかける人を限定した。セクシュアリティーを公にしていないＬＧＢＴのスタッフもいるからだ。すると、私と息子がゲイの母親以外は全員がＬＧＢＴという顔ぶれになった。初対面の人もいるため、自己紹介が始まった。その時、自分のセクシュアリティーも言うことになった。初めての経験ではあるが、納得した。ろうコミュニティーでも自己紹介でろう者か聴者かを伝える。このように聞こえないことやセクシュアリティーは外見だけでは分からないため公言するのだ。しかし、困ったのは自分のセクシュアリティーを口にする時だった。私は異性愛者である。ＬＧＢＴのコミュニティーで使われている用語で言うなら、「ストレート」。しかし、この表現を使うのに抵抗を感じた。「ストレート（まっすぐ）」の反対は「曲がっている」。すると、この場にいるほとんどの人たちは「曲がっている」ということになってしまう。

どうしようとおろおろしていると、私の番になった。名乗った後に小さな声で「ストレート」と口にした。次の瞬間、申し訳ないという感情が出てきた。そんな自分にうろたえた。申し訳ないと思う必要なんてないのに……。この場所から逃げ出したくなった。

ＬＧＢＴの言葉を知り、新たな世界に足を踏み入れていくと、たくさんの性のあり方、豊かさに感動する一方で、人と接する時どこか調子が狂ってしまう自分がいる。過剰に構えたり、戸惑ったり、考え過ぎたり……。

しかし、その時こそなぜ戸惑ったのか、なぜ構えてしまうのかを考えるチャンスなのだ。

そこには自分も気づかなかった感情が潜んでいる。自分の気持ちをきちんとすくい上げて見つめたい。

11歳の君へ

完成したDVDに「11歳の君へ」というタイトルをつけた。すると「なぜ、11歳なの？」と質問をいただく。嬉しくなって「なぜだと思う？」と質問返しする。「うーん……」と考えている人には「初恋をしたのはいつ？」と再び問う。

そう、人を好きになったり、気になり始めたりする平均年齢が11歳なのだ。

同性を好きになったぼく、わたしは変なのかなと思い悩む子どもたちに『好き』という感情は、とても素敵なことだよ」「そのまんまのあなたを認めてあげて」という思いでこのDVDを作った。そして、その思いは今を生きる「わたし」から「昔、11歳だったわたし」へのメッセージでもある。

アスペのまあちゃん

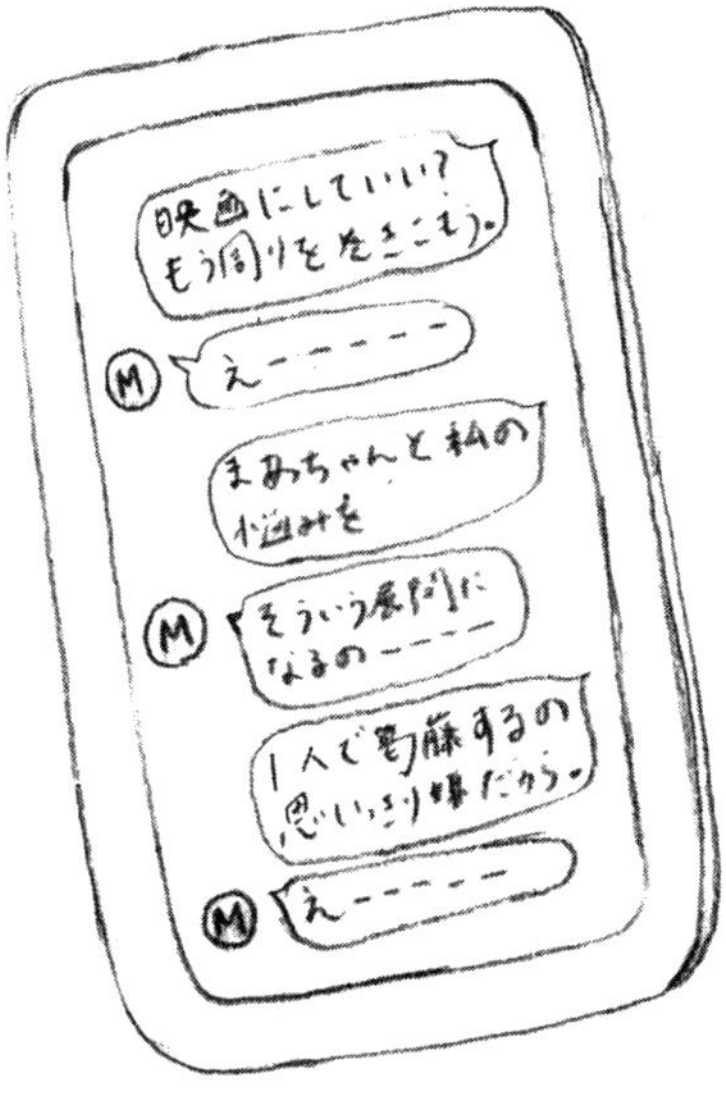
映画にしていい？
もう周りを巻きこもう。
M
え－－－－－－
まみちゃんと私の
悩みを
M
そういう展開に
なるの－－－－
1人で葛藤するの
思いっきり嫌だから。
M
え－－－－－－

「アスペのまあちゃん」（仮）
ドキュメンタリー／？分／２０？？年
まあちゃんとカンヌ国際映画祭でレッドカーペットを歩くのが夢

　まあちゃんに出会い、親しくなるが衝突することもたびたび。とあるケンカがきっかけでカメラを回し始める。

　現在制作進行中のドキュメンタリー映画。

２０１７年６月28日

（私の日記）

昨夜、まあちゃんとカフェ「スピコ」で晩ごはんを食べた。

「自閉症スペクトラム（アスペルガー）」についても話してくれたが、

まあちゃんはこんな人と思っているので、ふーん、そうなんだという感じ。

まあちゃんの撮影がはじまった（２０１７夏～２０１８春）

まあちゃんの名前は前から知っていた。彼女は全国手話通訳問題研究会愛知支部（以下、愛通研）の運営委員で、私の母とも面識がある。母も愛通研に入っていたので毎月会報が届き、そこで彼女の名前を目にしていた。

まあちゃんとは２０１６年の初夏、名古屋で開かれた映画「Start Line」の上映会に来てくれたのがきっかけで親しくなった。『Start Line』を観ていて辛かった。友人が（伴走者の）哲さんと被って見えた」と話してくれた。

自閉症スペクトラム（アスペルガー）のまあちゃんは、人とのコミュニケーションが苦手。飲食店で店員を呼び止め、注文することが難しいのだという。

「食事で水がなくなった時、あやちゃんがお店の人に伝えてくれたのが嬉しかったし、助かった」と聞き、軽い衝撃を受けた。「聞こえる人は皆、注文は問題なくできる」という思い込みが壊れた瞬間だった。

うつ病もあると打ち明けてくれた。身内にうつ病の人がいたので、他人事とは思えなかった。隣の区に住んでいて家が近いのと、お互いに独身で本好きということもあり、意気投合。私がいちこかぶれ（植本一子は広島県出身の写真家で著書もある。「はじめに」でも触れている）となった原因を作ってくれたのもこの人である。2週間に1回は会うようになった。

親しくなったばかりの頃はまあちゃんの話がやたらと長く、疲れてしまうことが多かった。質問すると1から順を追って詳しく話し始めるのだ。やっと答えをもらった時には、私はしばしば疲れ果てていた。祖父に似てせっかちで気が短い私は、まあちゃんのことは好きだけど、長く一緒にはいられないなあと思っていた。

2017年の夏、デフリンピックの取材でトルコに行くことになり、その準備と「11歳の君へ」の制作で忙しくしていた。そんな時、まあちゃんから次々と長いLINEが来た。心の調子が悪いようだ。最初は心配になって返事をしていたが、忙しさは増すばかり。もしかして、構ってほしいだけなのかも。だんだん、イラついてきた。短い返事を出すことで、「私は忙しい」と察してもらえたらと思っていたが、通用しない。相変わらず長いＬＩＮＥが来る。

私はついに爆発した。「怒涛のようなＬＩＮＥを控えてもらえる？　今は受け止める余裕ゼロの状態」と。その後、自己嫌悪に深く陥った。彼女の長いメールはアスペルガー（以下、アスペ）とうつから来ているから、まあちゃんに怒るのは違う……と。

その後、「わたしは、そういうの、空気読めないからわかんないので、いちじ、用件以外はＬＩＮＥしません。あやちゃんが、動けるようになったら、また連絡ください」と返事が来た。ホッとしたけど、まあちゃんを傷つけたという後味の悪さは残ったままだった。

トルコから帰国すると、「11歳の君へ」の再現ドラマ制作で、まあちゃんに通訳をお願いした。張り切って世話を焼いてくれた。

「あやちゃんと出会って毎日の生活に色がついた。ＤＶＤ制作に関わることができてうれしい」と素直に喜んでくれた。そして、ＬＧＢＴ関連の本を何冊か貸してくれた。彼女は月に10〜20冊本を買うほどの本好きなのである。

私より５つ年上のまあちゃんはカッコもつけないし、感情があふれてくると私の前で泣く。そんな年上の人に会ったのは初めてだった。私は年下の友人には見栄を張ってしまい、涙を流すなんて論外、問題外。そこまで心を開かないし、開けない。家族以外で映画を観て感動した時などの他、年上の人が涙するのはほとんど見たことがない。皆、常に私に対して年上らしく振る舞う。だから、私も次第に年下には年上らしく振る舞うようになっていた。そんな私にとってまあちゃんは、とっても不思議な人だった。なぜ、年下の私に対してそんなにさらけ出せるのだろう。

また自分はアセクシュアル(他者に対して恒常的に恋愛感情や性的欲求を抱かないこと)で恋愛感情が分からないと話してくれた。友達、親友、恋人の区別、境界線が分からないので、恋愛がどんなものか分からないそうだ。

「恋愛感情がないから言っちゃうけど、今、一番好きなのがあやちゃん、二番目は……いないなあ」

じわーっと嬉しさが体中に広がった。私もまあちゃん好きだなーと思っていたからだ。話が長いところはあるけれど、自分のみっともないところもさらけ出せる。気を使わなくていいところがいい。

年が明けた夜、まあちゃんからＬＩＮＥが来た。「消えたい」という。こういうＬＩＮ

Eが来るのは久々だった。岐阜の実家に帰った時、嫌な出来事があったようだ。泣いているようだった。「死んじゃダメだよ」と返信をした。その晩、眠れなかった。うつ病で苦しんでいた自分の家族が「死にたい」と言っていたことを思い出した。

まあちゃんまで死んだらどうしよう。私のひどい言葉が引き金となって死んでしまったらどうしよう。いろんなことが頭をぐるぐる回ってなかなか眠れなかった。

その後、まあちゃんと富山県の氷見温泉へ１泊２日の旅行に行った。落ち着いていたので、ひとまず安心した。


いつの日かまあちゃんに「話が長くて聞くのに疲れる」と話したら、「今までそんなこと言われたことない」と笑って、自分の気持ちをノートに書いて持ってくるようになった。これはいい。私もノートに気持ちを書いて見せるようになった。中学時代に友達と交換日記をやっていたことを思い出した。

書くと自分の考えや気持ちを整理できるし、コメントをもらえるのが楽しい。自分と対話しながら、内面を見つめながら書いていく。会っている時には話題にしないことも書くようになった。

私もまあちゃんも書くことが好きなので、会うたびに日記を交わして読み合うようになった。話が長くて疲れるというストレスはなくなった。

一般の人よりも音や光に敏感なまあちゃんは、声での会話より文字によるやり取りの方があっているようだ。

まあちゃんと話をし、日記を交換するようになるとハッとしたり、新しい見方を知ることがたびたびある。刺激的で面白い。ろうとアスペルガー。中身は違えど、少数派であるということも2人の結びつきをさらに強くしているのかもしれない。

2018年1月16日
（まあちゃんの日記）
多数の人たちは「障害」というものは別世界のもの、という認識なのかな。それはしかたのないことなのかしら。私は小さい時から弟からそれをあたりまえのこととして思ってきたし、自分が病んでからアスペを発見してからはずっと当事者目線というか、みんなつながってる本当は、という感じでいる。地つづきで同じ部分でつながっている、だれもがその世界にいて、ちがうけど同じ、という感覚。そんなふうに思ったり考えたりしてる人はなかなか出会わないな。しかも、障害部分がちがうとなかなかお互い知らないまま多いし。

あー、これはむずかしいテーマだよ。でも、いつも考えてるテーマ、人生のテーマだよ。

（※日記は原文、以下同）

まあちゃんには1つ年下の弟がいる。弟もアスペルガーなのだそうだ。自分よりもはっきりとその特徴が表れており、小さい頃から両親は弟につきっきりだったという。弟の影響で福祉に興味を持ち、日本福祉大学で福祉を学んだ。現在は小学校で給食を作っているが、その前は障害者施設で働いていた。今でも福祉への関心が途切れることはなく、社会福祉士になるための勉強をしている。

私にも弟がいる。母が私の読み書きや発音の練習に自分の時間を注いだため、弟にはずいぶん寂しい思いをさせた。現在、弟は人の命を救う消防士で、2人の娘の父親でもある。

2018年1月23日
（まあちゃんの日記）
まあちゃんは「アスペルガー」の脳みそを持っているので、一般の多数の人とは違う回線を持っていて、その部分で理解されずに誤解されたり、攻撃（と思ってしまうことも含む）されたりすると「うつ」になっていく。ひどくなると、人と会いたくなくなって、ひきこもる。「うつ」がひどくなる前に、ひきこもりや「ＳＡＤ（※1）」までいかなくするために必要なもの、くすり。

「プチひきこもり」「読書の時間」「すいみん」「チョコレート」「書くマインドフルネス（日記）」、少し浮上してきたら「あやちゃん」「ぼくさん（※2）」「手話での活動の場」「音楽をきく」、新たに挑戦してみたいこと「温泉」「山歩き」「旅行」↓これらが浮上アイテム（うきわ）になったらいいなと思うし、小さなことでもいいからうきわをたくさん持ちたいなあと思う。

そうだ！　台湾も少しずつ考えないとね。私は食べるものより雑貨のかいものがしたいな。

※1　ＳＡＤ…社交不安障害（social anxiety disorder）
※2　ぼくさん…私が飼っているネコの墨

まあちゃんはハローキティちゃんとふわふわしたものが好きで、小さなぬいぐるみをたくさん持っている。カバンにはぬいぐるみと共に赤地に白い十字とハートの入ったヘルプマークがぶら下がっている。

ヘルプマークは内部障害や精神障害、人工関節を使用している患者など、外見からは分からない人々が周りに配慮が必要なことを知らせるマークだ。人工関節を使用している東京都議会議員が発案し、２０１６年から一般に頒布されている。

２０１８年1月24日
ＬＩＮＥ
Ａ（彩子／以下同）／大高駅の待合室で、もこもこのぬいぐるみをいくつかカバンにつけていて、靴がキティちゃん、もこもこの帽子にジャラジャラのアクセサリーで読書してる女性を見ると、まあちゃんと同じアスペかなと思ってしまう。京都に行く電車内にヘルプマークの案内ポスターが貼ってあったりと意識しているとよく目につく。発達障害は15人に１人なんだそうな。とても多いね。
Ｍ（まあちゃん／以下同）／15人にひとりなんだね。それは知らんかった。
ＬＧＢＴよりは少ないんだなあ、しめしめ
キティさんいっぱいつけとるからといって、
あ、そうそうわたしと似たような人がいるからといって、アスペとは限らんよ…
わたしの行動は、アスペ由来のものばかりではないし、
キティさんいっぱいつけとるのは、好きだからだし、かわいいからだし、
一般的にはへんなのかしら

A／そうだよね、そうだよね。知識を一つ付けるともしかしたら?と結びつけてしまう。

まあちゃんから発達障害の本を借りて読むようになった。人とのコミュニケーションが苦手、こだわりが強い。空気が読めない……。これ、まあちゃんだけじゃなく私にも当てはまるのではと思いながら読んだ。

他の発達障害に関する本を読みたいという気持ちは起きなかった。知識を得ることが逆に「少しずつ知っていくこと」を邪魔してしまったり、まあちゃんの行動を「これこれの行動は本に書いてあった、アスペによるもの」と結びつけて片づけてしまいそうだからだ。

私は「アスペのまあちゃん」に興味を持ったのではない。今でも正直、アスペ自体にはあまり興味はない。まあちゃんが考えていること、どうしてそういう考えになるかということを知りたい。「まあちゃん自身を知ること」に対して貪欲になりたい。

なぜ、知ることに貪欲でありたいのか。

私には耳が聞こえないという特徴がある。聞こえ方には個人差があり、コミュニケーション方法は相手や場所によって異なる。それを人に1回説明しただけでは分かってもらえない。やっかいだなと思っていた。でも、まあちゃんと親しくなるにつれ、「アスペルガー」ははっきりとした形で目に見えるものではなく、耳が聞こえないこと以上に境界線があいまいで分かりにくいものと感じている。

そのため、疑問を抱いた時に「これはどうしてそう思うの?」と本人に確認するようになった。確認してもそれはアスペルガーから来ているのか、まあちゃんの性格から来ているのか分からない時もある。まあちゃんに聞いたら、自分も分からない。両方から来ているのかもしれないという。

相手に問うた上で「分からなかった」ことと、問わずに「分からないまま」で終わらせることとは違う。「分からなかった」という結果は同じだが、相手とコミュニケーションをとっているかどうかが違う。後者は自分のものさしにはめてしまい、「分からない→変わった人」と片付けてしまいがちだ。

まあちゃんと話していて、今まで当たり前過ぎて考えもしなかったことを立ち止まって見つめるようになった。「障害」についてまあちゃんはどう思っているのか興味があり、「障害」について話すこともある。

２０１８年１月25日

ＬＩＮＥ

Ａ／障害は、「そういう状態」というふうに受け止めるといいなあと思う。

私もまあちゃんも「聞こえない状態」「アスペによる状態」は自然にそうなったから。
日本語が変(・・;) だけど、言いたいことわかる?

M/なんとなくわかるかなー
ただ、わたしは障害は「障害」だと思っていてー
ふむ、書いてみようかなー。なんか、日記が大量になってきたよ
あやちゃんも、わたしも、〝○○という状態〟というのは、わかるよ
わたし、スタートライン観ながら、あやちゃんとわたしは同じだと思ったもん。
「あなたはきこえるじゃない!」は
「あなたは多数と同じ脳みそ持ってるじゃない!」って、思ったから
「障害」というとき、その人自身に、何かがあるんじゃなくて、
社会がその人に合ってないから「障害」がある、っていう考えを持ってるから
これは「障害学」っていう分野のはなし、社会モデルっていうやつやね
ここまでと、あやちゃんの言いたいことと、合ってるかしら?

A/うんあってる。

M/で、あやちゃんは「障害」っていうことばは、あまりいい感じがしないってことかな?
だから「状態」って考えるって

A／いや、障害者と人に押しつけるのが嫌で
M／たしかに、世間一般的に「障害」ってことば、なんか、かわいそう的な、
あーなるほど
A／その人の問題じゃないから。社会にあるから。
M／あーそうだね。うん、わたしとあやちゃんの言いたいこと、言ってること同じだね
で、わたしはその上であえて「障害」ってことばを使いたいけど、世間一般的には
そう取られないという現実があって。

「障害」という表現をまあちゃんは使う。私は使わない。だが、「障害」という表現に対する考え方は同じだ。

「あなたは多数と同じ脳みそを持ってるじゃない！」

これは新鮮だった。これまで自分の脳みそについて考えたこともなかった。今でもまあちゃんに「あやちゃんは一般人の脳」とよく言われる。恋愛や友達について話す時によく言われる。「私には恋する気持ちが分からない、人とうまく関係を作ることができない」と。最初はそう言われるたび、申し訳ないような変な気持ちになったが、今はそういう感情はなくなった。まあちゃんが言うなら、そうなんやろなと思う。そして、まあちゃんは、ど

んなふうにこの世界をとらえているのかなとますます興味が湧く。

まあちゃんが家に来て、映像の文字起こしを手伝ってくれるようになった。作業が終わると一緒にテレビを見たり、日記を書いたりして家で過ごすことが増えてきた。

そんなある日、父が昼食に焼きうどんを作ってくれた。まあちゃんも私の家族と一緒に食べた。

2018年2月12日
（まあちゃんの日記）

あやちゃんちでお仕事をして、お父さんが「やきそばじゃなくてやきうどんでもいい?」って言いにきた時、やっぱりつらくなってしまった。

いつあいさつしたらいいんだろうとか、いつふり向いたらいいんだろうとか、この状態、無視してるって思われるよなとかいろいろ思って、食べてるときも足くんじゃいけないのかなとか。

ソースすすめてくれたけど、これ、かけるのとかけないのとどっちが失礼にならないいんだろうとか、にんじんはいつもらったらいいのかな、とか、もう何もできなくて、ひたすら目の前の焼うどんを食べたよ。

あやちゃんがまだ食べてるから、席立っちゃいけないよなとか、食べ終わってすぐ立つのは失礼かなとか、食べ終わったあとのお皿、テーブルに置きっぱになってるけど、これ私あとから洗えばいいのかなとか。

あやちゃんの部屋で日記の返事かいていたら、きぃーっとドアあけてぼくさん入ってこようとして、立ち止まって、私をみて、見つめあって、ぼくさん出ていった。かなしかった。

ねころがって、空をみてた。流れる雲をみてた。

あやちゃんのように（一般の人はみんなそうだけど）器用につきあうことができない。

飼っているもやもやくんが今夜は元気です。


私が「この焼きうどん、うまいなあ。うまいわあ」と食べている間、まあちゃんはこんなことを考えてたのか！ そりゃあ、疲れちゃうわ。気心知れた仲だと思っていたので、こんなに緊張しながら食べていたことにびっくりした。

その晩、父に「おばあちゃんがまあちゃんが来るのを嫌がっている」と言われた。理由を聞くと「ご飯を食べる時に『いただきます』と挨拶をしないから」とのこと。「おばあちゃんは昔の人だから」とつぶやいた。いやいや、それはまあちゃんがアスペだからだよ。いや、それよりもまあちゃん、挨拶していなかったのか！ 気づかなかった。小学校で給食を作っているのに。

我が家では食前に「いただきます」と両手を合わせて食べるのが常識となっている。これはまあちゃんに言った方がいいな。また「家に行きたい」と言われた時、どうしよう。祖母が嫌がっていることは言えない。父と祖母にアスペのことを言った方がいいんだろうか。それはプライバシーに関わることで、本人が嫌がるかもしれない。でも、家族は知らないから「挨拶をしないのは失礼」と見てしまう。悶々とした気持ちを抱えていた。

他にも悩みはあった。まあちゃんはタバコを吸う。1日に10本は吸う。私はタバコを吸ったことがないし、煙も好きではない。

まあちゃんは私の目の前で吸うことはしないが、体についているタバコの臭いがだんだんしんどくなってきた。1人で悩んでいるだけでは何も変わらない。我慢している状態でまあちゃんと付き合うのはお互いによくない。思い切ってタバコの臭いと挨拶のことを日記に書いてまあちゃんに見せた。

2018年2月13日
（私の日記）

昼食後は魔の時間で眠くなります……

昨日まあちゃんが来て思ったこと。

いつもまあちゃんはタバコのにおいがしていて、今回は特にそれが気になった（私はタバコのにおいは苦手だから）いつもだったら、会った時は気になるけど、しばらくすると鼻がなれるからか気にならなくなる。でも、今回はずっと気になっていてちょっとストレス感じた。

まあちゃんに言うと傷つくかなあと思って、でも、においはガマンできないし、私の仕事部屋でもあるので空気を入れかえようと窓を開けた。江川さんも来るから。

タバコをすう人はまあちゃんに限らず、会った時に強い刺激臭がして私はちょっと辛い。

これからどうしたらいいのかな。

また、昼食や帰る時、ここは私だけの家ではないので、「いただきます」「ごちそうさま」は言った方が父も喜ぶ（うまく言えないけど）マナーとしていいかなと。父が台所にいたので、「『うどん、おいしかったです。ありがとうございます』とひとこと言った方がいいよ」と言えばよかったのかなとまあちゃんが帰った後、思ったよ。

でも、まあちゃんはアスペ脳からくる行動と言うので、言わない方がいいんだろうか。

ますますどうしたらいいのか分からなくなってしまうから黙っていた方がいいんだろうか。でも、私のことを一般の人たちと自分をつなぐ架け橋と言ってくれているから話した方がいいんだろうかともんもんとしているよ。

私はアスペ脳のこと、分からないからこういうことを言って傷つけてしまったりしないかと悩んでしまう。きこえない人に「きこえるように努力して！」というようなことを私はしたくない。

←

「あやちゃんのように（一般の人はみんなそうだけど）器用につきあうことができない」程度はあるけど、一般の人たちも表に出さないだけで悩んでいる人は結構いるよ、私だって人づきあいは器用じゃないと思っているからこそ、せめて私と仲良くしてくれている友人たちは大切にしたいと思う。

日記を読んでいて、まあちゃん、ひとりで悲劇のヒロインになっているような印象を受けたよ。何か気が重たいし、悲しい。昔の私ももしかしたら、聞こえる友人にこういうふうに思われていたのかな……。聞こえる人だってコミュニケーションで悩んでいる！

同じだよ！って。

私は以前は「きこえない人」と「きこえる人」というふうに乱暴にまとめて物事を見ていた。でも、だんだん「聞こえる人」たちもそれぞれ何かを抱えてみんな何かの当事者なんだと思うようになった。だから、時々まあちゃんが「一般の人は」と言うと、うーん、違うんだけどなーと思う。そんなにキレイに分けられない。「地続き」だと思う。

2018年2月15日
(まあちゃんの日記)

あやちゃんちへ行くのはやめようと思う。

正直いって、本当にあいさつとか負担でしかたないのだ。雑談も苦手でできたらしたくないのだ。ここまできて、むりにすることもしたくないし、あやちゃんは悩んでしまうし、お父さんたちもいい思いをしない。私が行かない。それで問題がなくなる。

あやちゃんちでDVDをみるの、すごくたのしかったけど、あきらめる。天びんにかけて、見たい「72時間」とかDVDよりもあいさつが負担だから。そのことで悩むことになるあやちゃんにも申し訳ないし、そんな板ばさみにさせてることもつらい。かといって私があいさつをすれば、解決するっていっても、もうぶっちゃけてしまうと「したくない」。理由は根本的にあいさつや雑談は「意味がないこと」だと思っているから。だから、常識上しなくてはいけないところ（職場とか）では、むりやりしてるので、相当にストレスですごく疲れる、毎日。となるとタバコのにおいも解決する。あやちゃんちに行かなければ、あやちゃんがいやな思いをしなくてすむ。

これも悲劇のヒロインだと思われるのかしら。しごく現実的な解決策だと思うのだけどね。でも、たぶん、あやちゃんがいい思いしないだろうなというのも想像できる。でも、ほんとごめんだけど、たばこ、あいさつを気にしながら解消すること考えながらあやちゃんちですごすことはできない。ごめんとしかいいようがない。

この日記を読んだ瞬間、傷ついた。「私の家に行かない」というのは短絡的な考えだと思った。「まあちゃんがストレスを感じない方法で会えばいいよ」とコメントを残し、しばらく保留にしとこうと思った。

まあちゃんの日記にはこの続きがある。

（まあちゃんの日記の続き）

（私の日記の引用↓）「まあちゃん、ひとりで悲劇のヒロインになっているような印象を受けたよ。何か気が重たいし、悲しい。昔の私ももしかしたら、聞こえる友人にこういうふうに思われていたのかな……。聞こえる人だってコミュニケーションで悩んでいる！同じだよ！って。」

でも、私は、「同じだよ」というの半分、「違うからしかたないじゃん」が半分。そのしかたないをうめていく努力をすることと、きこえないから違うという部分もあるというのは、きこえる人たちが認める必要もあるかなと思う。だから、きこえない人はきこえる私たちよりしなくていいつらい思いをしてるということ。それをふまえて、私だって一般の人たちがなんなくのりこえてることができなくてつらい思いをしてるのだ。それを「同じだよ」とはやっぱり言われたくない。そして、もうわかってほしいと思わなくなってきた。これは悲劇のヒロインではなくて、投げやり、放棄です。わかってもらえるわけねえべ。

日記のやり取りを経て、「同じ」という言葉を使ってもいい時と使うと暴力になってしまう時があると思うようになった。

2月13日の日記で私が用いた「同じ」は暴力だったなと今は思っている。まあちゃんは、アスペ脳からくる行動や思考に悩んでいて「一般の人は」と言う。しかし、あの時の私は「一般の人は」と分けられると心がざわざわして落ち着かず、「私もあなたも同じ人間で分かり合えるもの」と思いたがっていた。本質を見ようともせず、うわべだけを見ていた。「私とあなたは違う」と区別する暴力と「私とあなたは同じ人間」とひとまとめにする暴力の2つがある。相手の気持ちを考えようともせず、自分の気持ち、主張を押し通す場合はどちらとも暴力となり、相手を傷つける。私もそれで傷ついてきた過去があるのに、自分がそれをしていた。今でも自分の日記を読むと心地悪さを感じる。「私もあなたも同じ人間」「分かり合える」と容易に思いたがる気持ちが知らぬうちに相手を傷つける刃になってしまう。私はこのページの最後にコメントを残している。

今まで私は人は分かり合えると思ってたけど、今は人は分かり合えないというところからスタートするものだと思ってる。

ある日、まあちゃんと大ゲンカをした。
大須にじいろ映画祭で「11歳の君へ」の上映会があり、トークに参加した。手話通訳として國吉くんとまあちゃんが来てくれた。

まあちゃんは時間通りに来た。方向音痴の私は映画祭の会場に迷わず行けるかどうか不安なので当日の朝、会場近くに住んでいる國吉くんに連絡し、一緒に行ってもらった。

会場に着くと人だかりができていた。かき分けて中に入ると、受付でスタッフが忙しそうに準備をしている。

予定よりも早いが、舞台に上がり司会とトークゲストと打ち合わせをした。時間も迫ってきているので、まあちゃんには後で伝えようと手話通訳の立ち位置などを決めていた。しばらくするとまあちゃんが来た。「時間通りに来たのに先に打ち合わせを始めている」と不満気な顔。うわあ……ちょっとそこまで感情丸出ししないでよ。

司会もゲストもまあちゃんの雰囲気を察し、微妙な空気になった。内容は覚えていないが、まあちゃんは強い口調で國吉くんや司会の人に物を言う。

そこまでストレートに感情を出さなくても。皆でこれから始まるイベントを成功させようという時なのに。だんだん腹が立ってきた。「空気を読んでよ！」という苛立ちをアスペから来ているから仕方ないとこらえながら、打ち合わせをした。

その後、まあちゃんは國吉くんに詰め寄っていた。もう見ていられない。まあちゃんが嫌になった。

翌日、まあちゃんからＬＩＮＥが来た。

２０１８年２月19日

ＬＩＮＥ

Ｍ／昨日は、たくさんの人が来てよかったね。ろうの当事者さんたちもけっこういたね。友だちとしてじゃなくて、派遣通訳としてあやちゃんの読み取りができたこと、とてもうれしかったです。ありがとう。（インフルエンザは）意識してたからゆらゆらもしなかったと思う。

Ａ／まあちゃんに読み取ってもらえたのは私も嬉しいけれど、通訳者としての態度はちょっとどうかなあと思うところもあり、複雑な気持ちだよ。例えば、来た途端、椅子に座って足をほうり投げて腕組みをする態度にびっくり、不快を感じたよ。予定よりも打ち合わせが先に始まっちゃったとしてもお客さんが並んでいてバタバタしていて、余裕がなく、打ち合わせを進めたいという主催者の気持ちをくみ取ってあげればよかったと思う。そして、あとで、打ち合わせに参加していない部分は國吉くんに聞くとかして臨機応変に……と色々思うこともあったけれど、それらは多分、アスペから来ている行動だから、まあちゃんの性格の問題ではないと思う。

理性と不快がぶつかって私の中で葛藤しているよ。
M／そうか。わかった。ここんとこのあやちゃんのことばからもう、アスペだからとい
うの、やめよう。もう不快のままでいい。反省するわ
アスペでも、アスペを言い訳にしない。わたしには、わたしのいいぶんがある。
あやちゃん、國吉さんと来たんだって？
言わずにおこうとおもったけど、それはルール違反だよ
でも、けんかには、したくもない。わたしが、わるい。
A／そういうルールがあるの知らないからね。色々ルールがあるんだろうけど。
M／あの状況でどうやって入れっていうの？　不快に思っていて、なんであやまるの？
なんでその時に言わないの？　せめて、あやまるひつようもない
A／黙って入ればいい。足もほうりださずに、腕組みもせずに。
時間通りに来たから申し訳なく思う必要もない。
M／足はほうりだしてない
A／色々説明している時間ないよ、あんな状況で。
M／だから、なにもいわずにだまってまってたじゃない。いちだんらくしたから、
ぶたいに上がったじゃない。どうせ、そんな態度には、みんなみえてない。

そして、どんな状況でも通訳者は従うべき。だから、わたしがわるい。ごめんなさい。
いや、やっぱり今はあやまらない。うそになるから
A／わかっているよ、うそだって。だから、響いてこない。
M／もうやめよう。アスペだというの、やめよう。
わかりあえない
っていうか、とにかくわたしが不快なわけだから
どういうことにしたって、あれでもどれだけがまんしたか。
そんなのは、まわりには伝わらない。ルール違反をおかしてる、あやちゃんや國吉
さんの方が、きちんとした対応をしている。
A／まわりもガマンしてたよ。
わかりあえない。私もそう思う。
M／行かなきゃよかったね。もう終わってしまったことだけど。
A／インフルエンザを隠して通訳するのもルール違反では？
M／わかってるよ
A／人のこと言えないのでは？
M／そうくるの？　それとこれとはべつもんだい。ちょっとそれはないよ。

今はその話ではない。

A／そういうふうにルール違反になることもあるから、ゆるやかに臨機応変にしているだけだよ。それが許せないという話でしょう？

M／知らなかったんでしょう？　通訳者と同行することは禁止って。臨機応変も何もないじゃない

A／そうだね。

M／それがすべて。そこに、アスペを持ってこなくていい。葛藤するなら

A／そう思いたいよ。思えないから葛藤しているんでしょう。

M／思って。もう思って。もういいよ。

A／時間を置きたい。

M／現実的で申し訳ないけど、台湾はことわる？　キャンセル料発生するけど。ざんねん。自業自得だけど。

A／1対1なら不快な気持ちになることはない。逆に私にとっていい友達。でも、昨日のように他の人もいるところだと、不快を感じてしまう自分もいる。台湾は1対1で行くわけだから、大丈夫とは思うし、私は行きたいと思うけどね。まあちゃんが行く気ないならキャンセルしていいよ。

M／そうくるとは思わなかった。わたしは行きたい。でも、最近のあやちゃんの態度から、断られるだろうなと思ってたから。他の人がいると不快。ここは、わたしには理解できないけど、そういうもんなのか。

A／じゃあ、行こう。

M／不快なら、1対1でも不快なんだと思うのに。ふしぎ。

A／他の人がいると不快、ではなくて、まあちゃんが他の人たちに対してあんな態度をとるんかって。いやな気持ちになったよ。

M／ちょっとまって。

A／腕組みしたり、足をほうりなげたりしたら、他の人嫌な気持ちになるでしょうって。

M／なにか、わたしはかんちがいしているような。いや、それは、わたし

A／ここは力を合わせて成功させる場なのに、

それをまあちゃんが壊すから嫌な気持ちになったんだよ。

M／こわしてるつもりはもちろんないけど、どうしてもそうなることに、

自分でもどうしたらいいかわからん、ってのはしょっちゅうある。

立ち去りたいけどできないし。

A／だから、アスペから来ているんだよ。

M／それやめよう。葛藤するだけだから
A／それ言うのやめようって言うけど
M／まわりに理解されないもん
A／映画にしていい？　もう周りも巻き込もう。
M／えーーーー
A／まあちゃんと私の悩みを。
M／そういう展開になるのーーーー
A／１人で葛藤するの思いっきり嫌だから。
M／えーーーーー
A／そして、解放しよう。まあちゃんもまあちゃんの言い分を言えばいい。
私、そこはカットしないから。
M／はじさらすだけじゃーん
A／もう私、さらけ出しているから怖くない。
M／あややちゃんだけずるいわ
A／ひとりで葛藤するの嫌だもん。
M／それ本気？

A／本気。
M／まじかよー
A／だから、台湾もカメラ回すからね。
M／カメラ回すのはいいんだけどさ。時間おいて、気が変わるかもしれんからさ
A／わからないけど、とにかく。私の気持ちは全てぶっちゃけた。不快、葛藤、映画撮る。
M／なんなの？　この展開は。

今読み返すと売り言葉に買い言葉で筋が通っていない部分もあって恥ずかしいのだが、このケンカがきっかけでカメラを回すことになった。前々からまあちゃんを撮りたいという漠然とした思いもあって。

その後、まあちゃんにこう言われる。「映画のテーマが『アスペを理解しましょう』だったら、『ちょっと待って』と言ったと思う。でも、テーマがあやちゃんの『葛藤』だと聞いたからそれは観てみたい気がする」と。

こういうふうにしてまあちゃんの撮影が始まった。

2018年2月13日

（まあちゃんの日記）

ここに、耳がきこえるようになるくすりがあります。あやちゃん、のみたい？

ここに、多数派脳みそになるくすりがあります。まあちゃんはのみたいです。


今のこの社会で生きてくには、やっぱりつらいから。

いろんなつらさの根本はここかもしれんね。私もあやちゃんも。

障害受容ができてないわけではないと思うんだわ。受容してるからこそ、社会に合わせたり、たたかったりするのがしんどくなることあるし、多数がもってるものをほしがるのは、おかしいことじゃないよね。

だからさ、このどうしようもない現実をうけ入れつつも、なくしてしまいたいと葛藤しつつも（そういう）自分を認めて、だめでもはずかしくもなくてなるべく不健康なことをしない努力をして生きていこうねえ。


まあちゃんのくすりの質問に私は、「んー。わからないなあ」とコメントを残している。やせ我慢とか強がりとかではなく、無音の世界の心地よさを知っていること、聞こえるようになったら、無音の世界を望んでも戻れないことが嫌だからだ。

「うるさい……」と心底からうんざりしている聞こえる友達を見ると気の毒に思う。見たくないものは目を閉じれば見えなくなるけれど、耳はそうはいかない。耳をふさいでも騒音は入ってしまう。聞きたくない言葉もふさいだ指の間から忍び込んでくる。

でも、うるさいと思った時にその音をシャットアウトする機能付きだったら、「イエス」と答えるかもしれない。今の社会では、聞こえないために不便な思いをすることが多いからだ。いつもいつも元気で社会に対して闘えるわけじゃない。でも、この状態で生まれたからには生きていかないといけない。心が傷つかないように聞こえないことで生じる不便さに慣れ、鈍感になっている部分もある。

もし、社会が少数派にとっても住みやすい社会だったら、くすりの質問に「ノー」と答える。私にとって聞こえない状態は自然で当たり前のことだから。

まあちゃんは、自身のことをプラス思考でもマイナス思考でもなく自然体で受け止めている。（波があってマイナス思考になることもあるが）こういう考えに触れると肩の力が抜けてホッとする。そうかあ、こういうふうに考えればいいんだあと思う。

ろうのコミュニティーで「ろうであることを誇りに思う」という声をよく聞く。聞こえる人を基準にしている社会で肩肘を張っているところが辛い。私も以前、気張って生きてきたからその気持ちがよく分かる。

自分と相手を「わたし」と「あなた」という1人の人間と捉えて考えている人は「ろうであることは誇り」とわざわざ公言しないし、公言する必要も感じていない。

抑圧されてきた怒りを爆発させ、聞こえる人を攻撃するろう者がたまにいる。「違うよ、聞こえる人には悪意はない。聞こえない人のことを知らないだけだよ」と思う。

攻撃するのは「傷ついている人」である。彼らを見ると「離れたい」と思ってしまうのは、自分の古い傷を思い出すからだろう。この古い傷を昇華させていくことが私の課題だ。

2018年3月、まあちゃんと台湾へ飛んだ。3泊4日の旅だ。

私は海外には何回も行ったことがあるが、まあちゃんは初めてである。緊張がだんだん高まってきているのか、旅行の日が近づくにつれ、「行きたくない……」と言う。私はどんな旅になるのかなとワクワクしていた。

出発の日、飛行機が2時間以上も遅れた。私は待つのは嫌いなので、うんざりした。まあちゃんは待つことは苦にならないようだ。ぼーっと外を眺めたり、日記を書いたりしている。その様子を撮影しながら、私も日記を書いたり、外を眺めたりして時間をつぶした。

搭乗案内のアナウンスが流れ、やっとのことで飛行機に乗った。台湾桃園国際空港に着くと「帰りたい……」とまあちゃんは疲れ果てた顔。思わず笑ってしまった。まあちゃんの抜かりない準備のお蔭でスムーズに台湾版のＩＣカードを購入し、地下鉄に乗った。台湾のホテルに着いたのは、日付が変わった頃だった。

翌朝目が覚めると、まあちゃんは先に起きて準備も終えているようだった。少しプレッシャーを感じた。まあ旅行だし、自分のペースでいいかとシャワーを浴びる。

朝食でまあちゃんにプレッシャーを感じたと伝えると「全然気にしないで。私は自分の安心のために待ってるだけだから」とのこと。私みたいにいつもギリギリで慌てて、どたばたするのは信じられないのだそうな。

この日は林百貨店へ行くために台南へ。林百貨店は山口県出身の林方一氏が台湾で建てたものだ。台湾旅行でまあちゃんが楽しみにしていた場所である。自分と同じ苗字だからという単純な理由で。私はまあちゃんの撮影がメインなので、どこでもよかった。まあちゃんが行きたい所へカメラを片手について行った。

台南は台北と違って空が広い。自然に心が浮き立つ。台南駅の改札口を出るとまあちゃんはスマホのナビで方向を確認し、歩き始める。私もその後をついていく。台南の街並みが珍しく、きょろきょろしながらついて行った。

ところが、15分ほど歩いてもまだ着かない。この日、私は体調がすぐれず、リュックの重さでだんだん肩が痛くなってきた。腰も調子がよろしくない。

「あと何分?」

「あと10分」

まあちゃんはずんずん歩いていく。しかたなくその後をついていく。だが、いくら歩いても着きそうにない。30℃はあった台南の暑さが疲れを倍増させる。私に気にかけることもせず、ずんずん歩くまあちゃんにだんだん腹が立ってきた。

信号待ちでまた聞く。

「あと何分?」

自分でも顔が無表情になっていることが分かる。流石にまあちゃんでも私の機嫌が悪いということが分かるのだろう。「疲れている?」という言葉が出てくるかと思ったら、「うーん。あと10分かなあ」と言う。

空気を読んでくれ。私は座りたい! 心の中で怒りながらも、責めることはできない。まあちゃんはアスペなので、空気を読むことができないのだろう。「疲れちゃった、座りたい」と言えばいいのだが、勝手について行っているのは私だ。まあちゃんに気持ちを察してもらうことを諦め、無言で従う。やっと林百貨店にたどり着く。

私は歩くことは好きなのだが、どのくらいで着くのか分からない状況はしんどかった。

スマホで距離を調べたら、台南駅から1・3キロ。20分歩けば着く距離だ。1時間もかかったのはまあちゃんが道に迷ったからだ。心底うんざりした私は一刻も早く1人になりたくて最上階のカフェに向かう。腰を下ろし、ほっとする。お茶を注文し、持ってきた本を読み始めた。

まあちゃんが買い物を終えた頃には肩や腰の痛みはなくなり、機嫌も戻っていた。しかし、帰りに同じことが起きた。疲れがにじみ出てきた私に空気を読まないまあちゃん。

「もう座りたい！」

不機嫌な声で出てしまった言葉が引き金となり、お互いに口をきかない状態になる。

まあちゃんはリュックから日記を取り出し、書き始めた。きっと私に対する非難だろう。

「友達と旅行するとケンカする」とは本当のことだなと痛感する。

台北のホテルに着く頃には2人とも気持ちが落ち着いていた。お店で買ったご飯を食べながら、まあちゃんの日記を読んだ。

２０１８年3月19日

(まあちゃんの日記)

私も修行のようなかんじよ。予定が変わってもなんとかなる訓練。いやすぎる。あやちゃんは疲れている。あーもうーそんなこと言われなくても言動ですぐわかりますよ。
①すわりたがる。すわればいいのに私に先にすすめる。
②すったすった歩く。同行人の存在とんでるでしょ?
③ことばが攻撃的。
④何かいえば正当化(これはまあ、正しいことだと認めるのだけど)。

この場面を撮影したらいいのになあーといっても似たような場面がたぶん「スタートライン」にあるよね、きっと。

それを調子が悪いってすぐいうの、わかってるからさあ、いわなくていいよ。

それに何も言えなくなるし、「スルーして」っていわれても少しへこむんだよねぇ……。

やれやれ。これはわたしの葛藤。

あ、カメラを出しましたよ。プロの仕事人と思ったらすぐしまった。

あー本持ってこればよかったなあ。買えると思って、おいてきちゃったよ。まあね、つかれたっていうのは別にあたりまえのことなんだからさ、別に言おうがなんだろうがいいんだけど、わたしが勝手についい「あんたのせい」って責められてる気分になっちゃうのよね。これは私のもんだい。

なんと、まあちゃんは私が不機嫌でいたことを分かっていたのか！　驚きながら、コメントを書いた。

昨日の夕方からは疲れがどっと出てとにかく早く座りたかった。

①なるほど。でも、まあちゃんほっといて自分だけ座るのはなんか気が引ける。

②これはえー？と思ったし、まあちゃんの方こそ私を忘れてるんでは？と思うスピードで歩いていた。もし、私が國吉くん（國吉くんは足に障害がある）だったら、もっとゆっくり歩いてくれるだろうし、座ったら？とすすめてくれるのに、体調が悪いと私の機嫌が悪くなって攻撃的になるからとイヤがる。まあ、これは誰でもイヤだけど、國吉くんに対する行動と疲れている私に対する行動が逆で少し悲しくなった。

③こうなったのもこういう感情が出てきてどーして察してくれないの？と思ってしまったから。ごめんよ。

④同右。この場面を撮影したらいいのに↓同感。新幹線に乗ってノートに書いているまあちゃんが窓に映っていたからそれを撮ろうとしたけれど、そうするとまあちゃんがカメラを構える私にかくれちゃうのでやめた。本当はまあちゃんを撮ればいいのだけど、

不機嫌な顔で何か言われたらまたダメージ受けるのでやめた。今思えば窓に映っている、カメラを回している私を撮ればよかったなあ……。まだまだプロには程遠い……。

２０１８年３月20日

（私の日記）

まあちゃんは朝食で「スイカ！」と嬉しそうにスイカを３日連続食べた。まあちゃんがかしてくれた「発達障害」の本には、アスペの特徴としてこだわりがあると載っていた。これもアスペからくるものだろうかと思ったが、私は毎朝ヨーグルトを食べる習慣がある。これは「こだわり」ではない。習慣だ。でも、まあちゃんは毎日スイカを食べる習慣はないから、これはこだわりになるのか？

もし、私が本を読む前だったら、「スイカが好きなんだなあ……」で終わっていた。でも、今はこれは「アスペの特徴なのか」とカメラを向けたくなる自分がいる。

私は純粋にまあちゃんを見つめられなくなっている。このままだと私は「まあちゃん」ではなく「アスペ」を撮っているということになる。うーん……。アスペの知識がない方が純粋に撮れるのだろうか……。早くも壁にぶつかってしまった。

（まあちゃんのコメント）

そんなこと考えてたのね（笑）。これ、このまま葛藤のまま結びつけたがるあやちゃんのまま、どっちだろう?という迷いや決めつけみたいなもののまま撮ったらいいと思うよ。だんだんどっちでもよくなるかもしれんし、決めつけのままいくかもしれんし。「すいか」に関してだけいえば、こだわりかどうかはそうとも言えるし、言えないし、ともどっちでもあるかな。

すいかを食べたら、甘くてすごくおいしくて、うれしい気持ちになったから、そしたら、次の日も次の日もすいかがあったから、うれしくて繰り返してたくさん食べた。「すいか＝うれしい」がインプットされた。

分析してみるとこんな感じかな。ちがう場面や他のときにも、これと似たようなことはあるから、こだわりともいえるし、反復が好き、繰り返しが好きという特性ともいえる。それから冒険をあまりせず、繰り返しをすることでおちつく、安定するってことも。すいかが特別好きってことでもなくて、たまたますいかだった、すいかにツボったって感じ。すいかはあやちゃんが「スタートライン」で一心に食べてたのもかぶって、おもしろかったし。

まあちゃんにカメラを向けることで、考えもしなかったことを考えるようになるのはいいなと改めて思った。

なぜ、今撮るのか。なぜ、今カメラを回すのか。理由があって回している。この理由を考えると私がどのように映画を作りたいのかが見えてくる。私の考えが表れる。まあちゃんを描くことで私が描き出される。

この映画が完成する頃、私はどこに着地するのだろうか。楽しみだ。

2018年3月29日
LINE
M／あのね、いま、エンディングノートってのを書いてるんだけどね、
あやちゃんから見て、わたしの性格ってどんなん？
なかなか自分ではわからなくて書けない。
A／まあちゃんの性格？
ユ～モアがある。ストレートを好む。優しいが、天の邪鬼。天の邪鬼だが、優しい。
嘘が嫌い。これはアスペからくるのかもだけど、空気が読めない。執着心が強い。

頑固。

M／そのまま書いておこう（笑）

A／ちなみに私の性格。頑固。正直。真面目。優しそうな顔をして時々きつい言葉を吐く。しかし、本人は忘れることが多々ある。エネルギーがありあまっている。気が短い。待つことが苦手。忘れ物が多い、おっちょこちょい。思い込みが激しい。行動力がある。考える前に動く、動きながら考える。考えてない時もある。

M／すごいね。ちゃんと分析できてる（笑）

まあちゃんは整理ができない人だ。家の中はぐちゃぐちゃで足の踏み場がなく、とても私を呼べないという。「それでもかまわないから家を撮影させて」と粘り強く言い続けた。まあちゃんは覚悟を決めたのか、撮影の許可が下りた。

嬉々としてカメラと土産を持って家にお邪魔した。

2018年4月8日

LINE

A／（自分の日記の写メを送る）

（日記）まあちゃんの撮影で思ったこと。まあちゃんはお土産のお菓子をすぐに開けて食べ始めた。私はまあちゃんはすすめてくれることはないだろうと思ってたので、「私にもちょーだい」と言った。「普通はすすめるんだよー」と言いながら。帰りの車の中で私、「普通は」って言ったなあ……。「普通は」って言われるの好きじゃない方なのに無意識に使ってしまったな。考える前に口にしてしまったなと思った。

「普通」という言葉が悪い訳じゃない。みんな、自分の物事の見方、とらえ方を基準に「普通は」という表現を使う。問題はそれを聞いたまあちゃんがどんな気持ちになったかだ。

M／あやちゃん、「普通は」って、言ったのか。全然気なしだったなあ
でも、ぶっちゃけ、ずっと「普通はこうするんだよ（しないあなたはおかしい）」みたいなことは言われてるから、スルーしてしまってるところもあるかも
状況によっては「普通は〜」でいやな思いをすることもあるけど、
逆に「あー、そうなのかあー」って知ることもあるから、
むずかしいけど、一概に「普通は〜」がすべていやだとも言えないんだよね。
ほんと、何にも考えなしで、お菓子食べたかったから、すぐに開けて食べちゃった

なぁー。本当は行儀悪いんだよなぁー

A／（自分の日記の写メを送る）

（日記）まあちゃんの返事を読んで「普通は～」と言われて「あー！そうなのかぁー」と知ることもあるというのは同感。一概には言えないね。言う人によっても受け止め方が違うし、言う人と自分の関係性や信頼関係にも関わってくる。同じ内容でもこの人に言われるとムカつくけど、この人にはムカつかないというのがあるように。私は「普通は～でしょ」と言われるのがないから（映画監督という肩書きや私のキャラで皆許しちゃっているところが大きいのかも）まあちゃんの気持ちは分からないけど、マジョリティの考えや価値観を押し付けられるとイヤな気持ちになる。はむかいたくなる。

また私は他の友達に対してもよく「普通は～」と冗談を言う中で使っている。「普通、そんなこと言わないよ」「それ普通じゃないよ」「うん、普通だね」etc.

「普通は～」は、自分の価値観から言っているからそれを使っちゃダメ！となると自分の価値観を否定することになる。私の「普通」とあなたの「普通」は違うということを知り、お互いにズケズケと言い合えばいいのだと思う。「それ普通じゃないよ」「えーそっちこそ普通ちゃうで！」と言い合って「はー。そういう考え方するんやねえ。なるほどなあ」って。その人の「普通」の考え方を知るのは刺激的で面白いと思う。

私はまあちゃんと「違う」から「普通」も違う。だから、刺激受けるし、面白いと思う。

M／あやちゃんは、気にしないで「普通は〜」と言えばいいのだよ

それで、わたしが、気にすることもあるかもしれないけど、それはそれ

まあちゃんと旅行に行く時、ホテルのチェックインは私がしている。受付のスタッフが何かを言うが、早口で分からない。横に立っているまあちゃんを見るが、「聞いていなかったから分からない」と手話で言う。慌てて「耳が聞こえないから書いてもらえますか？」と伝え、筆談でやり取りをした。きっとスタッフは、まあちゃんも聞こえない人だと思っただろう。

切符も私が駅の窓口で２人分買う。お店での注文も私が手を上げて店員を呼び、２人分を注文する。店員の言葉が分からない時、まあちゃんを見ると通訳してくれる。それを見て私が店員に答える。

まあちゃんは、私が頼まない限り自分からは通訳しようとしない。「あやちゃんはできるから」と。私はそれが心地いい。

注文や質問など聞こえる友人や家族がしてくれることを、まあちゃんと一緒にいる時は自分がしている。最初はそれらが「初めてのおつかい」のように新鮮だった。できないと諦めていたことができ、そんな自分が誇らしかった。

よく「協力し合いましょう」と言うが、結局はやってもらってばかりで私は何の力にもなっていないという思いがあった。聞こえないから人にやってもらっているという引け目があった。それを感じると無価値感を覚えるので、そのたび感覚を麻痺させた。

でも、まあちゃんといる間は引け目を感じる場面が全くない。対等な関係だ。「協力し合う」を実践できていると心から思える。聞こえる人と一緒でも私にできることはあるんだ！と嬉しかった。

2018年5月16日
(まあちゃんの日記)
「あやちゃんも一般の人」「あやちゃんと私は違う」「あやちゃんと私は違う脳みそをもっている」そして、このときにやっと少しだけ「違ったままでいいんだな」「違ったままでも仲よくできる。一緒に生きていける」すこしだけそう思えた。なんでかはわからないけど。新宿御苑で「この花、外国人のボインみたいでなんか好きじゃない」ときれいなお花をおっぱいとしてみているあやちゃんにあきれながら（笑）

そして、どこでどうなのかはわからないけど、私たちは「地つづき」なんだよなとどこかでつながってる。どこか何かが同じってこともある。

いや、もしかしたらつながってないかもしれない（笑）

でも、それでいいんだと。つながってなくてもいい。わからないままでいい。ちがうままでいい。ただ、いまここで一緒にすごしてることが全て。

たのしい時間をすごせたら、一緒に笑って、一緒にいるだけでもそれでいいじゃん。そんなことを思っていたり、もやもやをかかえていたりしてて、そしたら、日記をかくことも、あやちゃんにＬＩＮＥすることもかなりへって。私はいま、よいかげんでよい距離感でいられているんだと思っている。

ただ、ツイッターのだれかのつぶやきだったり、そういうのを目にしたとき、自分がアスペであること、Ａセクであること、どこかで欠陥人間だとおもっているのは事実みたいだ、と思い知らされる。だから、つらくなるんだよな。もやもやしてしまうんだよな。

自分で自分のことを「これでＯＫ‼」って思えたらいいのか、それともそれでもたりないかもしれん気がするけど。私は「まあちゃん」のことがきらいじゃない。でもまわりが「まあちゃん」のこと好きじゃないよねっていつも思ってる。

でなかったら、10年前、高校のとき、中学のとき、小5のとき、みんな私を攻撃しなかったはず。これらの事実があるのに、「まあちゃんのこと好き」な人なんているのかしらと。

好きな人もいる。好きじゃない人もいると思えたら、ゼロか１００かのアスペ脳を少しでもゆるめることができたらいいのかもしれないな。

２０１８年5月16日

ＬＩＮＥ

Ａ／まあちゃんの日記を読んで

「共有できない共感できない自分のことが欠陥人間だと思ってしまう」

↓そう思う必要ないと思うけどなあ。

私は過去も含め、自分のこと、そこまでまあちゃんに話したことないよ。

まあちゃんが、完璧な人間だったら、そこまで話さなかったと思うし、距離も縮まらないままだったと思うよ。

欠陥人間というけど、完璧人間なんていないし、私なんて大甘ちゃん人間だよ？

「違ったままでも仲良くできる、一緒に生きていける」

↓これは同感！

よく考えたら、違うっていうか正反対やないか、うちら（笑）

1人を愛するまあちゃん、ひとりじゃいられない私

1時間前に着くまあちゃん、ギリギリに着く私

お酒が飲めないまあちゃん、お酒好きな私

でも、お酒が強そうに見られるまあちゃん、お酒が弱そうに見られる私

たくましい足のまあちゃん、セクシーな足の私

M／岡田さんがよく言ってたよ、「あやちゃんとあなたは、真逆だからいいんだろうねえ」って。足はええわ。

まあちゃんは自分の意見をはっきり持っている割には自己肯定感が低い。アスペから出た行動で友達が離れていくというのをたくさん経験したからだろうか。

私は自己肯定感は低い方だと思っていたが、まあちゃんに言わせると自己肯定感は高く、

ただ、自己受容ができていないのだそうな。確かに私は黒い感情が出てくると、認めたくない！と心にフタをしてしまう。なるほど……。まあちゃんは、私以上に正しく私を知っている。

「分かり合えない」。これは寂しいことだと思っていた。２０１６年の春、まあちゃんにアスペを打ち明けられた時、私は「でも、同じ人間。分かり合える。いい友達になれる」と思っていた。

まあちゃんと親しくなって1年経とうとする頃には「まあちゃんと私は同じ人間ではない。分かり合えないこともある。でも、いい友達でいられる」と思うようになった。

「分かり合える」という気持ちが本質を見えなくし、暴力となって、相手を傷つけてしまうこともある。「分かり合えない」からスタートし、「あれ？」と思った時は「これはどういうこと？」「どうしてそう思うの？」と質問して確認する。そして、考えてみる。感じてみる。その結果「やっぱり分かり合えないわ」となってもいい。それが私だからだ。このような前向きな「分かり合えない気持ち」が、まあちゃんと付き合っていくためのカギだと思うようになった。これからもまあちゃんとの間で、考えもしなかったことが出てくるだろう。それらをカメラとペンで記録しながら、考えていきたい。

まあちゃんの撮影は続く（２０１８夏〜２０１９冬）

２０１８年７月24日
（まあちゃんの日記）

あやちゃんが私を撮影したいというとどきどきする。どこかへ出かけて行って撮るのは何とも思わないけど。私の家とか、学校とか、私以外の人とのかかわりとか私の部屋とかすごく動揺してしまう。

やり取りをしなければいけないとか、撮影の説明や許可がいると思うと、もうやめてってそのやり取りがいやでたまらない。不安でしょうがなくなる。こんなんでほんとに映画になるの？

うちにはクーラーがないし、服はパジャマみたいなのが好きだし、１人でいるのはなんでもないのに、どこかへだれかがからむ場に行くと、立場がどうとか服装がどうとか、かみがたがどうとか言われることもあるし、思われてるんじゃないかってそわそわする。

私はここにそぐわない、いてはいけないんじゃないかと思っておちつかないし、不安になるし、私がいるだけでだれかを不快にさせてるんじゃないかと不安になるし、それでも人と会わなきゃいけないし、仕事に行かなきゃいけない。

じゃあ、世間に合わせて生活すればいいんだろうけど、疲れてしまう。いっそばりばりにこりかたまって世間に合わせれば、その努力をすればいいのだろう。もうこわれたっていいじゃん。とか思ったり、あつい上にふつうの服をきて、かしこまっているのもつらいなあとか。自分に自信がないのとはちょっとちがう。その次元の話じゃなくて、私そのものがはみ出している。そこで生きていかねばならぬ現実。

（私のコメント）

こういう思いに共感する人、反応する人は大勢いると思う（こっちからしたら、そんなの共感じゃない。都合よく共感してるだけやというのも含めて）。

私はろうという立場でこの世界を生きていかなければならないという思いを昔は抱いていた。今は……会社で働いているろう者と違って1人で自由に気の合う人達と仕事しているからそう思うことはあまりないかな。コミュニケーションの壁にぶつかった時にそういう思いは出てくるけど。

2018年8月7日

（まあちゃんの日記）

あやちゃんの取材に同行、東京へ。

あやちゃんは取材の準備でわあーっといっぱいなんだろうな、ねている。

私は通訳でもなくただついているだけで少し気楽でたのしみ。でも、初めて会う前田さんとか記者会見の現場とかそそうのないようにしなければ。と思うと少し不安になる。

あやちゃんがねているので、こっそりたばこをすいに行った。

ＩＱＯＳにかえてから、においがなくなったはずなんだけど、どうだろう。私もまわりににおい充満させてないかなって気にすることがなくなってずいぶんラクにたばこがすえるようになった（笑）

あやちゃん起きた。すごい。もうすぐ東京。

もりもとくんも言ってたけど、きこえない人ってアナウンスきこえないのになんで起きれるんだろうな。車体のゆれがかわるからだって。あやちゃんなんてそんな繊細さより寝過ごしてそうな気がするけどなあー。


まあちゃんがのん気に考え事をしている時、私はＹａｈｏｏ！ニュースで自民党所属の衆議院議員、杉田水脈議員の「ＬＧＢＴは生産性がない」発言の記者会見の取材やＨＩＶ

／エイズ啓発予防動画の打ち合わせで頭がいっぱいだった。電車から降りようと立ち上がった時、頭を叩かれた。真顔のまあちゃんに。降りる駅はここではなく、もう1つ先だったのだ。ムッとしたが、乗客がいたので「間違えた〜」とへらへらして座った。次第に腹が立ってきた。私はいっぱいいっぱいなんだよ、余裕がないんだよ、叩くことないでしょう。でも、気持ちを切り替えた。記者会見に集中集中。

しかし、その時の嫌な気持ちはその後も消えなかった。次第にまあちゃんと距離を置くようになった。

2018年9月13日

（私の日記）

ここ2週間ほどまあちゃんと距離を置いていた。9月9日に花火大会に行く予定だったけど行く気になれず、キャンセルにさせてもらった。LINEも私からは出さずにいた。2〜3日に1回ほどまあちゃんからLINEがくる。短い返事だけ返す。そんな自分が身勝手なのかなと思うと苦しくなり、ますますまあちゃんに対して拒絶反応を起こしてしまう。一番許せないのは人をたたくこと。

今すごく葛藤しているから撮り時だと頭で分かっていても、イヤな気持ちにさせる人から遠ざかりたいという強い感情が出てきて、考えることさえも停止させてしまう。思考停止。自分のみにくいところを見ることになるからだ。

まあちゃんと接することでみにくい自分が引きずり出されるのが耐えられないのだ。

私の中にも優生思想みたいなものがあり、自分に余裕がないとその考えでまあちゃんを見てしまう。

２０１８年9月19日
（私の日記）

本当の人間関係っていうのは何もかも打ち明けてお互いに理解してある理想を抱いてしまっているためにすごくプレッシャーになっている。

言いたくないことを言わないとか好きだからこそ黙ったままでいるとか非常に複雑な感情があるのが本当の人間関係だと思う。

そういう人間の複雑さに対して繊細な感受性を持って優しく見守るっていうような態度をもっと身につけるべきじゃないか。

（ＮＨＫクローズアップ現代　作家・平野啓一郎の言葉より）

まあちゃんに対して誠実でありたいけれど近づけないと悩んでいたので、非常に複雑な感情があるのが本当の人間関係だと思う、という言葉に救われた。

２０１８年９月30日

（私の日記）

まあちゃんに自分の本当の気持ちを伝えた。それ以来、返事がない。５日間たったけど、何も反応なし。心配だし、気がかりだ。でも、気持ちが軽くなったのは確か。

私はこれまでまあちゃんと接する中でもやもやしたり、あれ？と思ったり、イヤだなと思うことがあった。半分は本人に直接言ったけど、半分は私が理解すべきこと、アスペの部分からくる言動であり、まあちゃんの性格ではない。まあちゃんもそういう部分に悩み振り回されている。私がそこを嫌ってはいけない。嫌うものではないと思おうとしてもできない。

嫌なものは嫌だという感情が消えないままつもっていった。でも私は「アスペだから仕方ない」という言葉で自分の感情にフタをしてきた。

そして、「アスペだから仕方ない」と受け止められない自分を心が狭い人だと攻め続けて苦しくなった。でも、まあちゃんはそんな私の気持ちに気づかないままＬＩＮＥをくれる。「あやちゃんどうしたの」という心配の言葉にもう耐えられなくなった。自分の本当の気持ちを言わないのはウソをついていることと同じような気がしてきて、水曜日の朝、本音を伝えた。

もういい人でいるのやめた。ムリだ。友だち、やめた。

そう思ったら心が軽くなった。

これからはアスペからくるものかもしれないけど、私はこういうのはイヤ、というのを伝えていこう。


以前、うつ病もあるまあちゃんから「消えたい」とＬＩＮＥをもらったことがある。私はうつ病の家族が「死にたい」と言っていたこと、何も言わずに黙って逝ってしまったことを思い出し、辛くなった。「死んじゃダメだよ」と返事した。

仲がいい時はいいけれど、ケンカになって自分の言葉が引き金になったらどうしようという恐怖が生まれた。

だから、「いい人でいるのをやめた」と思えるまで日にちがかかった。

２０１８年10月21日
（まあちゃんの日記）

あやちゃんが「不安なくけんかしたい」と言ってたことについて。

ちょっとずれるかもしれんけど、「ブレーキ」のことについて思ったこと。

もし、あやちゃんが今後私のことをきらいになって縁を切ることになっても、私があやちゃんのことを縁切るようなことになったとしても、あやちゃんのブレーキはなくならない。だってあやちゃんはもうここに存在して生きているから。

いくら縁切っても、１人の人を悲しませることはできない。

いや、もしかして悲しむこともないぐらいの関係性になったとしても、あやちゃんのブレーキは私の中で残り続ける。それは断言できる。

だから、あやちゃんが、私のブレーキを１つなくすかもしれないという不安は必要ないよ。

それにブレーキはけっこういくつか持ってて、それも人がからんでいるので、１つ１つが強力。そんなに仲良くないってことはまあないけど、からんでる人ひとりひとり大事な人だから、あやちゃんも含めて。ブレーキについては問題ないよ。

２０１８年10月21日
（私の日記）
まあちゃん、ありがとう。日記を読んだ瞬間、涙があふれてきた。私はすごく恐れていたんだと思う。
まあちゃんまで失ってしまったらということに。その恐れは完全にはなくならないけど、ありがとう。私もまあちゃんと過ごした時間、ちゃんと心に残ってるよ。この先もずっと残り続ける。

２０１８年12月25日
昨日、久々にまあちゃんに会った。実は会う前から気が重たかった。会えるのは嬉しいのだが、風邪で喉が痛くて話す気力がない。

最近のまあちゃんは自分から話さないのだ。だから、いつも私から話している。出会ったばかりのまあちゃんは、ばーばーしゃべり倒して疲れたが、全く話さないのも疲れる。

私が話さないとずっと黙ったままになるんだろうか。そう考えると気が少し重くなった。

あれこれ考えているとまあちゃんが赤い車でやって来た。

2人分の本の買い取りでBOOKOFFへ行くことになっている。車の助手席に座り、喉が痛いことを伝えた。黙っていると、まあちゃんは不安になるかもしれないからだ。しばらく沈黙が続く。目的地に着くまで黙ったままかなと思っていたら、「大学は終わった？エイズの動画はできた？」と聞いてきた。

おお！　まあちゃんから話しかけてきた！

本を売るとすっきりした。棚の上に高く積み上げられている本を目にするたびに、はぁ、売らなきゃと思っていたからだ。思ったよりもいい値段で買ってもらえた。足取りも軽くまあちゃんの車に乗る。

15時過ぎに我が家に着いた。旅行の話をすれば1時間は持つかな。「星空を見たい」とLINEを送ったら、「星空に興味はないけど、温泉いいなあ」と返事が来て、その流れで旅行することになったのだ。

長野県阿智村・星空ツアーのパンフを見せ、都合のいい日と新月を確認し、1月4日に行くことになった。

まあちゃんは電話が嫌いなので、私が申し込むことになるんだろうな。デスクトップの前に座り、インターネットで電話リレーサービスのページを開く。旅行会社の電話番号を打ち、オペレーターに文章で内容を伝える。文字がゆっくり表示される。文字を打つのが遅い！とじれったくなってくる。でも、便利は便利である。

旅行会社の人によると、電話口の人が契約者様になるという。リレーサービスを使ってもだ。融通がきかない会社だと腹が立ってきたが、インターネットで申し込みができるという。

そうか！　パンフを見たら、ネット申し込みの案内も載っていた。見落としていたわ！　気を取り直してネットで申し込もうとしたが、今度は満室だった。まあ、そうだよね。ギリギリになって申し込む方が悪いしね。

いつも宿の予約で利用している「じゃらん」のページを開いて1月4日に空いている宿を探す。おお！　パンフに載っている宿よりも安いのが結構ある！　往復の交通費を足しても安い！　「超」がつくほどの単純な私は、先ほどの不機嫌な気持ちは吹っ飛び、得した気持ちになる。

アクセスを調べると名鉄高速バスを使えば簡単に行けることが分かった。宿の最寄りのバス停から宿までの無料送迎サービスもついている。これは事前予約が必要なので、後で申し込もう。

ネットで宿の申し込みを済ませ、名鉄バスのＨＰを開く。障害者割引は、以前はネットでは買えなかった。障害者手帳を窓口で掲示する必要があったからだ。

ネットでも障害者割引で切符を購入できるようになっていると知り、心が浮き立つ。名古屋から長野県・飯田駅前までの往復の切符を購入した。

よし！　あとは宿に連絡し、送迎を申し込むだけだ。

再度リレーサービスを利用して送迎サービスを使いたいことを伝える。すると、先方は言いづらそうな口調で飯田駅前ではなく昼神温泉郷の中の「恩出（おんだし）」というバス停で降りてほしいと言う。ええ？　飯田駅前まで往復のバスチケットを買っちゃったよ……。

でも、飯田駅前と恩出はそんなに離れていないだろうな。昼神温泉郷は飯田駅よりも手前にある。行く時は手前で降りればいい。帰りは乗車時刻を変更した方がいいなと再三、リレーサービスを使って名鉄バスに連絡する。オペレーターは、また今村かとうんざりしているんだろうなと気が重くなりながら。

今度は、「ネットで予約した場合はネットを通して変更してください」と言われる。要領が悪い自分が嫌になる。面倒くさいという気持ちが出てきた。ここは踏ん張りどころだとこらえて名鉄バスのＨＰを開き、「恩出」のバス停を確認する。しかし、見つからない。名鉄バス会社に問い合わせようと思ったが、ずっと私が調べ続けていることに嫌気が差してきた。まあちゃんにも、少しは何かをやってもらいたい。

「リレーサービスを使ってもいいから、名鉄バスに『恩出』のバス停があるかどうか聞いてよ」

「えー。電話しようか。でも、宿に聞いた方がいいよ。『恩出』のバス停がないって」

「うん。宿でいいから聞いて」

「えー」としぶるまあちゃんからカメラを受け取る。それまでまあちゃんは私が電話リレーサービスやネットで申し込むところを撮っていたのだ。私は宿やアクセス、バスの時刻の確認や購入手続きなどをこなしながら、まあちゃんに「パソコンの画面ばかりじゃなくて、後ろから撮って」と撮影の指示も出していたのだ。やること盛りだくさんで本当にせわしい。

「がんばって！」とまあちゃんにカメラを向ける。

しかし、携帯電話をしばらく見ていたまあちゃんは言い放った。

「やっぱり、やだ！」

やだ！って。あんたは小学生か！

「もう自分でやる！」

受け取ったばかりのカメラをまあちゃんに押しつけ、リレーサービスのページを開いた。

連続でこんなに使うのは初めてである。同じオペレーターかもしれない。もうこっちのプライバシー丸出しやん！　当然、守秘義務はあるだろうけれど、プライベートな計画を全く縁もゆかりもない他人に知られたくない。でも、もう破れかぶれだ！

宿に連絡し、名鉄バスの切符を変更するために恩出のバス停を調べたが、見当たらなかったことを伝えた。そうすると担当者はまた言いにくそうに、「昼神温泉郷」というバス停があり、その中に入っていくと「恩出」というバス停があると説明してくれた。つまり、バスの切符は「昼神温泉郷」で買えばいいのだ。

そういうことか！　そういえば、最初に宿に電話した時、「昼神温泉郷」に入った先に小さなバス停が3つあると説明されていたわ。忘れてた。

外を見るとすでに真っ暗になっていた。時計を見ると午後5時を過ぎている。

今夜の料理担当は私である。そろそろ支度に入らないといけない。

ネットではバスの時刻の変更はできず、1回キャンセルしないといけない。ああ、めんどくさ！　仰向けになってじたばたしたいのをこらえながら、帰りの切符をキャンセル、再度購入の手続きを取った。

最後に宿にメールで昼神温泉郷を出る時刻を伝えた。これで終わりだ。

「はあ〜、疲れたあ」とまあちゃんに嫌味ったらしく言う私。

「私は全然疲れてない」と全然気にもしないまあちゃん。

そりゃそうだ、私が全部やったんだからと少々むっとする。

でも、無事に手配を終えてホッとした。達成感がじわじわと体中に広がる。

今まで電話は家族や友人にしてもらっていたけれど、電話のコミュニケーションって結構難しい。リレーサービスで第三者が入ると難易度は増す。相手の話が終わったのか、自分が話していいのか分からない時がある。

対面で話している時は相手の話が終わりそうだな、私が話してもいいんだなというのが表情で確認できる。手話であればまだオペレーターの表情で確認できるが、文字によるリレーサービスではそれが難しい。じゃあ手話にすればいいじゃんと言われそうだが、見知らぬ方に顔をさらすのはちょっと抵抗がある。

それはさておき、聞こえる人はスムーズに電話で話せていると思い込んでいたけど、彼らも苦手意識を抱きながらも経験を重ねて電話の仕方を覚えていったんだなあ。

私は電話は苦手と思っていたけれど、経験が少ないから下手なだけなんだ。うまくなるには経験を重ねるしかない。幸いにも今は電話リレーサービスがあるから練習できる。

よく考えたらこういう経験ができるのは、まあちゃんの電話嫌いのお蔭だ。他の友達だったら、電話の練習はできなかった。疲れたけれど、いい経験になった。伸びをして日が暮れた街の中を走り去っていくまあちゃんの車を見送った。

２０１９年１月11日

まあちゃんとケンカした。

事の発端はお菓子である。いい年した女２人がお菓子でケンカするなんてと情けなくなるけれど、私は必死だった。

雲一つなく晴れ渡った１月４日、宿やバスの手配に何かと苦労した昼神温泉へ向かう。何度も口にして親しみを覚えるようになった恩出のバス停で降り、宿でチェックインを済ませた。

畳の香りを感じながら和室に入るとテーブルに３種類のお茶菓子が２個ずつ、１つの器に収まっていた。お菓子が好きなまあちゃんは、コートを脱ぐと包み紙をはがして食べ始めた。私は夕食の時間が迫っているので、そのままにした。

翌朝、父と祖母にあげようとお茶菓子に目をやり、帰る支度をしていると、まあちゃんがお茶菓子に手を伸ばし、それらをカバンに入れようとしているではないか。私に何の断りもなく。

「ちょっと。持っていかないで。これ私の分でしょ」

「いらないと思ってた」

謝罪の言葉もない。やってしまったという照れ隠しなのか、薄ら笑いでお菓子を戻すまあちゃんに私は猛烈に腹が立ってきた。

「私は食べないけど、お父さんとおばあちゃんにあげようと思ってた。勝手にいらないって決めないで！」

バクバクバク。鼓動が速くなる。

ここで感情的になったら、気まずい状態で2時間、帰りのバスに揺られることになる。それは避けたい。私が我慢すればいい。こんなの些細なこととスルーすればいい。でも、そしたら、この感情はどうなる？


以前も似たようなことがあった。

去年の夏、電車でまあちゃんに真顔で頭を叩かれた。私が降りる駅を間違えたからだ。私は一瞬傷つき、次は怒りが込み上げてきたが、人がいたので平静を装った。まあちゃんは、「ばかだなあ」とツッコミのつもりで叩いたのだろう。それに私はこんなことで腹を立てるほどの小さな人間じゃない。そう言い聞かせた。でも怒りは消えなかった。

時間が経てばこの感情は消えてなくなるだろう。気にするのを止めようと思えば思うほど、まあちゃんの何でもない言動に過剰に反応して嫌悪する自分がいる。そして、そんな自分に失望する。この繰り返しで「頭を叩かれて嫌な気持ちになった」と当時は一言で表せた感情に様々な思いが入り組み、ねじれにねじれて言葉にすることができないどす黒い塊になっていった。

しかし、まあちゃんはそんな私の胸の内を知らず、ＬＩＮＥを送ってくる。友達なのにまあちゃんから離れたいと思ってしまう私は悪い人だと自分を責め続けた。

２か月が経った。どす黒い塊は心の真ん中に居座り続けている。この状況を変えたい。私は見て見ぬふりをしていた塊を見つめた。どんな感情でも感情そのものに非はない。出てしまったものだから仕方ない。許そう。

「まあちゃんから離れたい。そう思ってもいいんだよ」

そう思うと気持ちが楽になった。すると、頭を叩かれた時の気持ち、今の気持ちをまあちゃんに伝えようという思考回路になった。そうしないとここから進めない。私は思い切ってまあちゃんに気持ちを伝えた。

「ごめんね。気を付けるね」

反省しているまあちゃんを見ると、居座り続けていたどす黒い塊は成仏した。

それまで感じていた拒絶感も嫌悪もなくなり、「しょーもないやつやなー」とまあちゃんの背中をバシバシ叩きたくなった。

目の前にまあちゃんが器に戻したお茶菓子がある。今、私がこらえたら、またあの時間を繰り返す。それはイヤだ。今の、私の気持ちをきちんとぶつけるべきだ。

「今、撮ってもいいかな」

まあちゃんがうなずいたので、カメラのスイッチを入れ、テーブルに置いた。

「何も言わずにお菓子を撮るというのは、多分他の人から見ると小さなことだと思うの。そんなのどうでもいいじゃないって。でも、私にとっては言わないで持ってくっていうのはすごく失礼っていうか、私の基準ではありえないみたいな。『ごめん』の一言もないからやだなって気持ちが今出てるんだけど。どうしたらいいのかな」

「嫌のままでいい。『排除』でいい」

「悪いとは思わない？」

「思ってる。思ってるけど」

「思ってるけど何？」

「通じない。ま、言ってないもんね。ごめんねって言ってなかったから。私が『ダメ』っていう意味だもんね」

「だから言えばいいじゃん」

「今言ってももう認められないでしょ」

「本当に心の底からっていう言葉だったらわかる。だけど言われて仕方なく言うんだったら私はもっと嫌な気持ちになる」

「今、わーって言われて、じゃあ、ごめんとは言えない」

この場面、見覚えがある。まあちゃんの姿が「Start Line」で「素直に謝らないよね」と伴走者に叱られる私に重なった。そして、私が私を叱る伴走者になっている。妙な気持ちになりながらも言葉を続けた。

「だから、今までにもそういうことがあってアスペだから仕方がないって我慢してたんだけど、我慢するのやめて。だって自分の嫌になった気持ちは悪くないでしょ」

「だから、離れればいいと思うよ。私も嫌だもん」

沈黙が続く。

「今までしゃべったりして思ったのは、私はあやちゃんは苦手なタイプだったんだよね」

涙をこらえてまあちゃんは言葉を続ける。

「あやちゃんにとっては失礼なことっていう部分ね。それが失礼っていうところが一般的な女性と同じ。そのタイプが私は嫌い。苦手なの。だから、本当だったら、仲良くはならないタイプの人。めんどくさい。だから、あやちゃんが一般的には正しい。排除でいいと思う」

「あなたがコミュニケーションを切っている！」という伴走者の言葉を思い出した。当時の私は素直に謝らず、話し合うことを投げ出していた。負け戦と分かっているからだ。正しいのはいつも伴走者で、私は何を言っても勝てないのが分かっているからだ。

だから、まあちゃんの気持ちは痛いほど分かる。でも、「コミュニケーションを切っている！」と言った伴走者の気持ちも痛いほど分かる。どっちも分かる。でも、今の私はコミュニケーションを放棄したくない。


「最初の頃は楽しくても私にとっては嫌なことが起きて、でも我慢してきて。でもそれに対してまあちゃん、気づかないからＬＩＮＥをくれて。でも私は返せなくて爆発したことがあるから。またそれを繰り返すのは嫌だと思って、今話してるの。向き合ってるの、まあちゃんと」

「あやちゃんの言うことは正しいのよ。一般的に常識とされている正しいこと」

まあちゃんは自分の言葉に大きくうなずく。その眼には涙が浮かんでいる。

嫌なことをされたのは私なのに、何だか自分が弱いものをいじめているような気持ちになってきた。「私がダメなのよ」という言葉はずるい。それを言われたら何も言えなくなる。

話し合えば出口が見つかると思っていた私は、どのように収拾をつければいいのか分からなくなり、投げやりになった。

「自分から弱いものになってる」

「じゃ、もうさー、どうしたらいいの？」

「自分から弱者の立場になってる」

「なってない」

そろそろチェックアウトしなくてはいけない。カメラを切った。


まあちゃんは弱さを武器にしていると憤っていたが、私は一般常識を水戸黄門の印籠のごとく突き出して黙らせているのではないか。

旅行から戻った2日後、自宅近くの大高緑地公園をジョギングしている時、ふと思った。そもそも「一般常識」ってなんだろう。大概の人がこういう時はこうするだろうという行為だ。例えば、友人と食事をする時、ほとんどの人は自分の分だけでなく相手の分もご飯をよそったり、お茶を注いだりする。

昼神温泉でも食事で2人分のお茶を注いだりご飯をよそったりするのはもっぱら私だった。ご飯をよそっている時に、まあちゃんにお茶を注いでほしいという思いもあった。でも、アスペだから仕方ないと思っていた。こちらの常識をまあちゃんに求めたりするのは違うのかもしれない。その前に、そもそもその「気遣い」は何のため？

相手を大切にする気持ち、相手と楽しく過ごしたいという思いから生まれるんだよ。そう思った時、はっとした。

相手を大切に思う気持ちから生まれるなら、一般常識を苦手とする相手にそれを押しつけるのは違うのではないか。「自分はいい人」という、自己満足でしかないのではないか。自分の当たり前にしていることは、相手にとっては違うからだ。

相手が変わるなら、常識も変わる。だったら「まあちゃんと私の新常識」を作ればいいんだ。

そして、思い出した。「自分は気を使ってお茶を入れてもらうのはいや」とまあちゃんが言っていたことを。飲みたい時に自分で注ぐと話していた。

それならば、今後はお互いに自分の分をよそえばいいのだろうか。お菓子はすぐカバンに入れておく。まあちゃんは「誘われたら断りづらい」とも言っていた。ならばどうするのがベストなのだろうか。これは「新常識を考える会」を開かなくては。

今でもケンカでまあちゃんに言われた言葉が心に残っている。

「小さい頃からそうなんだけど、いろいろ考えたり気持ちは持っているんだけど何か理由があって言えない。言わない。けど、社会は『考えてないと同じ』って捉えるよね」

一般的には「言わない方が悪い」「言ってないから自分は気づかなかった」となるけれど、こんなことを言ったら相手に嫌われるのではないか、疎ましがられるのではないかと怖くて口にできず、また言わずにいて涙したことは、私も幾度もある。

あの時、お茶菓子の向こうにいるのは、まあちゃんであり、私でもあった。

「なぜ、私が言おうとしないのかを考えたことある？」と聞かれた時、言おうとしない気持ちまで私が考えなくちゃいけないなんてそんなの甘えだわと、切り捨てようとした。

でも、できなかった。それは私の心の叫び、そのものだったからだ。

２０１９年2月17日
温泉旅行から3週間が経とうとする頃、まあちゃんにＬＩＮＥを送った。
『『まあちゃん用の常識を考える会議』を開きたいと思っているので（参加はわたしとあなたの2人だけ）よろしく」
すると、13分後に頭を両手で抱えて（！）と天を仰いでいるパンダのスタンプと共に「2日、あけとくね」と返事が来た。ホッとした。

そして、まあちゃんが我が家に来た。いつものようにカメラを回し、玄関のドアを開ける。いつものようにまあちゃんはニヤッとした表情で右手を上げた。

「今日来てもらったのは２人の常識を考える会を開こうと思って」

昼神温泉の後、考えた内容をまあちゃんに話した。

「外で働いていると皆、お土産を持ってきてくれる。もらったお土産がずーっと机の上にあると相手に失礼だと思うの。食べたかったらその時に食べるし、『ありがとう』と言って持って帰る。だから私にとってはずっと置いてあるのは気になっちゃうんだよね」

「そっかあ。知らなかった」

「なくしたくなっちゃうんだよね。だから自分のはとっちゃうんだよね。言い訳くさいけれど、本当は相手の物じゃん。けど、どうしようと思って見ている時は相手の姿が消えちゃう」

衝撃だった。

「お菓子と私、２人だけの世界みたいな？」

「そうなっちゃって、それは自分がダメだなと思うんだけど。本当は聞けばいいんだよ。

聞けばいい。聞きにくいわけでもなくて……」

「存在が消えちゃう?」

「そう消えちゃう」

「言われてなるほどと思った」

「消してもだめだね。一番は聞く。だけど聞くまでにいかないんだね」

「消えちゃうから?」

「消えちゃうから」


もう納得の二文字だった。

「食べる前に聞いてよ!」と思っていたが、相手の存在が消えてしまうのなら、確認できない。相手が消えているのだから。そんな訳で、相手に問わずに食べてしまったり、飲んでしまったりするのか。

次回からはすぐ取り分けたり、これは私のだよと念を押したりしようということになった(私は相手から念を押されると嫌な気持ちになるが、まあちゃんは不快ではないことも確認した)。

こうしてまあちゃんと私の新常識を決めていった。

1. 食べ物が２人分あったら、自分の分をもらっておく。放置しない。飲み物は残っている時、「飲むからね」と伝えておく。Ｍは物が残っているとその物の持ち主の存在を忘れる特性がある。
2. Ａ↓話を最後まで聞く。
3. Ａの家で食べる以外は「いただきます」はなしでＯＫ。
4. Ｍ↓たたかない。
5. Ｍ↓ご飯を交換すること（おすそ分け）はすごくイヤ。
6. お茶やご飯は各自でやる。

２と４は当たり前なのだが、私もまあちゃんもできないのである。５は女性によくある、食べ物の交換ごっこ。自分の食べ物を相手に分け与えるのだ。私もすることはあるが、まあちゃんの気持ちも分かる。食べたいものを注文したので、全部食べたいという。

今回の収穫は「相手の存在が消えてしまう」という言葉だった。そうなのか！と。面白い。

ぶつかったら向き合って話し合って新常識を増やしていきたい。でも、新常識を守らなくちゃと思うと窮屈になってしまうから、頭の隅に留めておくくらいの感覚でいよう。新常識を実行して違和感を覚えた時は、また話し合えばいい。話し合うってエネルギーがいるけれど、その分自分の知らなかった世界を知る喜びも大きい。

……でも、きっと私は前と同じことを繰り返すかもしれない。「まあちゃんの撮影がはじまった」の末尾で私はこう述べている。

〝「分かり合えない」からスタートし、「あれ？」と思った時は「これはどういうこと？」「どうしてそう思うの？」と質問して確認する。そして、考えてみる。感じてみる。その結果「やっぱり分かり合えないわ」となってもいい。〟

これを打ち終えてああ、なんて私、すてきだわとしみじみ味わっていたくせに、気持ちを言えず、我慢して爆発を起こすのを繰り返しているからだ。

左下から右上に伸びる一直線ではなく、螺旋状に回ったり、糸がもつれたらほぐしたり、そのままにしたりして向かう感じでいきたい。私の向かうところが前だと信じて。

まあちゃんの寄せ書き

１８５４年、ペリーが浦賀にやってきた。史実の詳しいことはよくわからない。誰もが知っている、教科書にも歴史書にも載っている黒船来航。その後の日本が大きく変わった出来事。

ペリーさんはどんな人だったのだろう。我慢強かったのだろうか、頑固者だったのだろうか。もしや、空気の読めない人だったのだろうか。

２０１７年、わたしの生活にペリーさんと同じ誕生日のあやこ女史がやってきた。鎖国のような状況のわたしの中にずんどこずんどこやってきた。それから、今までになく楽しい、嬉しい気持ちでいっぱいのことが増えた。わたしの生活に色がついた。とはいえ、不安定になることも増えた。距離感をうまく保てず近づきすぎて、気持ちがジェットコースターのように乱降下した。薬の量も増えたり減ったりなかなか安定しなかった。

そもそも、不安定になるのは、あやこ女史が突然爆発するからなのだ。前兆もなく理由もわからず（あやこ女史にはちゃんと前兆も理由もあるのだけれど）。

わたしは、またやらかしたことと、気づけなかったことと、単純に爆発しているあやこ女史に傷つきめえめえと泣く。それから数日は立ち直れない。何日かすると、あやこ女史からＬＩＮＥがくる。何事もなかったかのように。あんなに怒っていたのに、なんだこれは！　わたしはまた混乱する。どうすればいいのだ？

しかし、あやこ女史はわたしがめえめえ泣いている時、あの豪邸の中でたくさん考え、たくさん悩み、たくさん日記を書いていた。そしてこんな本までできてしまったよ！

あやこ女史がペリーさんさながらわたしのところにやってきて２年。振り向けばちゃんと足跡が残っている。今後も右往左往が続くのだろう。もういやだ！と投げ出すこともあるだろう。

それでもそれなりに、蜘蛛の糸程度でもつながっていけたらいいなと思う。なんだかんだ言っても、わたしは、この本そのままの、ペリーさんと同じ誕生日のあやこ女史が好きなのだ。

＊「アスペのまあちゃん」のお話は、ある１人のアスペルガー脳みその日常、わたし個人のことであって、他のアスペルガーの人たちにも当てはまるってことではないので、ご理解とご承知おきを。

まあちゃんに贈ったペリー艦長のバースデーカード

スタートラインに続く日々

２０１２〜２０１３

私は身長１５３センチの映画監督です

皆さん、改めてこんにちは。今村彩子です。まだきちんと自己紹介をしていなかったですね。私は桜満開の季節に生まれました。干支も星座もひつじなのがちょこっとした自慢です。

鎖国時代に黒船で日本を驚かせたペリー艦長と和田アキ子と同じ誕生日の私は、名古屋で産声をあげました。お二人は一度見たら忘れられない顔をされていますよね。しかし、私は講師として招いていただき、会場に着いても今村本人と気づいてもらえないことがほとんどです。

スタッフと目が合っても気の早い観客と誤解され、放置されます。恐る恐る近くのスタッフに「今村ですけど……」と伝えても「?」と怪訝な表情。「あ……、講師なんですけど……」と申し訳なさそうにチラシに載っている私の顔写真を指すと、「うわあ！　申し訳ありません！」と思いっきり頭を下げられます。その声に他のスタッフも何事かと振り返ります。

「いえいえいえ……」

私はただでさえ身長153センチと小さいのにさらに縮こまって、あたふたと講師の控室へと案内されます。これがいつものパターンです。

DVDを作った本人がいれば少しは売れるかなと休憩時間に物販コーナーに立っていると、おばちゃんに「トイレはどこ?」と聞かれることもしばしば。おばちゃん、私、スタッフのお姉ちゃんちゃうで。

全く、ペリー艦長の貫録と和田アキ子のオーラが欲しいがや。


10代最後の年に1年間渡米し、映画制作を学びました。ダスキン障害者リーダー育成海外研修生として。

ダスキンはご存知ですね。お掃除で有名な日本の企業（本社・大阪府）です。ダスキンがミスタードーナツ・オブ・アメリカ社と提携し、ミスタードーナツが日本に上陸したのです。

ダスキンは、1981年の国際障害者年にリーダー育成を始め、毎年障害のある若い人たちに海外で学ぶチャンスを与えています。

特筆すべきなのは、国際障害者年の18年後にアジア太平洋の障害者のリーダー育成事業を立ち上げたこと。アジア太平洋地域の障害のある若者を日本に呼び、研修してもらうのです。日本だけでなく、アジアの研修生の滞在中の生活費も研修費もダスキン持ちです。

この原稿を書いている今（２０１９年１月）は、海外研修派遣生が５１１人、アジア太平洋地域からの研修生は１３７人。合わせて６４８人の障害者リーダーを輩出しています。日本だけでなく、アジア太平洋の障害のある若者に、夢をかなえるための釣り竿を与えている。これぞ世界に誇れる日本の企業のあり方ではないでしょうか。

ミスタードーナツの創業日である1月27日。毎年、この日のドーナツの売り上げの一部が障害者リーダー育成事業に充てられます。今年も買うぞ〜！と息巻いていたら、インフルエンザウイルスまで吸いとったのか、外出禁止となってしまいました。

そのことをダスキンの吉田さんに報告したら、「大丈夫ですか？　そんな時は、ドーナツなんてどーでもええですよ」と。

慎ましい性格なのかおやじギャグを言いたかっただけなのか。どっちにせよダスキンには吉田さんのような謙虚な社員が多いのか、障害者リーダー育成事業を積極的に宣伝しないので、あまり知られていません。

研修生として大変お世話になった身として、この本のタイトルを「ミスドで泣く女」にして、障害者リーダー育成事業を宣伝しよう！と目論んでいたのですが、「まだ時間はたくさんありますので、考えましょう」と編集者にやんわり諭され、「よくある女性作家のエッセイのタイトルみたい」とまあちゃんに意見され、すごすごと引き下がり、「はじめに」のタイトルと決まりました。皆さま、ここはひとつダスキンの応援をよろしくお願いします。

話を戻して、海外研修を終えた私は愛知教育大学に復学しました。新聞配達で稼いだお金でビデオカメラを買い、大学を自主休講してはドキュメンタリーを撮りました。同級生が教員採用試験勉強に力を注いでいる中、我は映画の道を行く！とカメラ片手に駆け回る私は当然、目立っていました。聞こえないというだけでも目にとまりやすいというのに。当然、先生から「あなたの本業は何ですか。大学で学ぶことでしょ！」とお叱りを受けました。

大学4年の就職活動でいくつかテレビ局を受けたけれど、全滅。だったら、自分で作っちゃえ！と、Studio AYAを立ち上げました。収入が安定しないという母の反対を押し切って。

確かに映画監督ほど胡散臭い仕事はありません。でも、「一度きりの人生だから自分のやりたいことを仕事にしたい！」とじいちゃん譲りの頑固ぶりを発揮して映画を撮り続けました。

ついに根負けした母は経理を担ってくれました。こうして家族や多くの方々に映画制作を支えていただき、２０１９年で20年目を迎えます。人間でいうと成人式です。

最初の10年間は、ろう・難聴者の存在を１人でも多くの人に知ってほしいという思いで、ろう学校や家族全員がろう者の日常生活、聞こえない人と聞こえる人が共に働く職場など15~20分の短いドキュメンタリーを撮りました。

次の10年間は、長編ドキュメンタリーを作るようになりました。

ろうのサーフィン店長とお客さまの物語を描いた「珈琲とエンピツ」、東日本大震災の被災した、聞こえない人を取材した「架け橋　きこえなかった３．11」、沖縄から自転車で北海道を目指した自転車ロードムービー「Start Line」など。

この原稿を書いている現在は、まあちゃんが主人公となる４本目の長編ドキュメンタリーを撮っています。

このように次々と作品を発表していると、私には真似できないわ~というニュアンスで質問を受けることが増えました。

「小さい体なのにどこからそんなエネルギーが出てくるの？」

そのたび、返答に困り「うーん……。好きだから」としか言えませんでした。最近はその原因は、両親にあるのではと思っています。

若かりし頃の父は大学で柔道部の主将を務めながら、べ平連（ベトナムに平和を！市民連合）で反戦の声を上げていました。中・高・大と柔道一筋で鍛え上げた精神と肉体で。母は大商社の労働組合で男女平等を求め、全国を飛び回っていました。「反対派からの無言電話や付きまといは怖かったわ」とのこと。

こんな血の気の多い両親のＤＮＡを真っ先に受け継いだ結果がこれ（私）じゃないかと思うのです。でなければ、沖縄から自転車で北海道まで突っ走りません。

しかし、あり余るほどのエネルギーがあるというのは、いいことだけではありません。落ち込む時はそれはもう激しくて。破壊的な孤独感にさいなまれながら目を覚ますこともたびたび。

機嫌がいい時は、我が家のらせん状の階段を歌手になりきって両手を広げ、「会いたかばってん、会われんたい〜♪」と口ずさみながら下りています（執筆当時、大河ドラマ「いだてん」が放映中）。でも、これはかなり恥ずかしいので誰もいない時だけです。

こういうふうに感情の振れ幅が大きい自分に疲れます。こんな私に付き合わされている編集者に同情しています。本が無事に（？）出たら、「お疲れさま会」を開いて労おう。

ここでは映画監督としての成人式を迎えるにあたり、過去に連載したエッセイや日記を読み返しながら振り返ってみようと思います。しばしお付き合いくださいませ。

映画の道に進むきっかけを作ってくれた父

「小学生の頃、テレビ番組には字幕がついていないため、家族と一緒に楽しむことができませんでした。１つ年下の弟は、テレビを観て笑い転げています。母がテレビの内容を口でゆっくり説明してくれるのですが、その間も番組の内容は進みます。私は常に歯がゆさと寂しさを感じていました。そんなある日、父がレンタルビデオ店で洋画を借りてきてくれました。洋画には字幕が付いているからです。初めて借りてくれた映画は……」

講演で観客を前にした私は、両手の人差し指をくっつけた。すると『Ｅ.Ｔ.』だ！」と数人が反応した。

「そう、『Ｅ.Ｔ.』です。宇宙人と少年の友情物語に心があったかくなりました。それ以来、父は毎週毎週ビデオを借りてくれました。洋画から元気と勇気をもらった私も映画を作りたい、そして、元気や勇気を与えたいという夢が生まれました」。

映画の道に進むきっかけとして何百回も講演で話したり、原稿に書いたりしてきたので、ご存知の方もいらっしゃると思う。

「Ｅ.Ｔ.」は今でも一番好きな映画だ。映画監督なら、巨匠フレデリック・ワイズマンのドキュメンタリー映画など重厚な作品を挙げた方がいいんじゃないかという変なプレッシャーを感じて、『『E．T．』が一番好きな作品です」と公言しづらいのだけど。

でも、初めて「E．T．」を見た時の感動は、今でも忘れられない。昨日と変わらない今日、今日と変わらない明日という少年の日常に非現実的なE．T．が現れる。少年は驚きつつもコミュニケーションをとろうとするが、相手は異星人。言葉は通じない。どうなるのだろうと食い入るように見続けた。映画が終わり、黒画面に白文字でキャストやスタッフの名前が流れる。火照った顔でぼーっと現れては消える異国の文字を眺めていた。

こうして私は「E．T．」をはじめ、様々な国の名作を観て育った、と書きたいところだが、父の好みがハリウッドのアクション映画と偏っていたので、「ダイ・ハード」や「バック・トゥ・ザ・フューチャー」「ターミネーター」「ロッキー」と手に汗握る映画がほとんどだった。飛び込んじゃえば何とかなる！と清水の舞台から飛び降りる精神は、この頃から少しずつ培われていったのかもしれない。

今も大衆映画が好きで、お正月は父と映画を観に行く。「シン・ゴジラ」や「ローグ・ワン／スター・ウォーズ・ストーリー」は大スクリーンならではの迫力を味わった。

去年大ヒットした「カメラを止めるな！」「ボヘミアン・ラプソディ」も映画館で観た。笑って泣いた。

小学生時代の夢は童話作家だった！

「お子さんは耳が聞こえていません」

2歳の時、母が音に反応しない私を連れて行った病院でそう告げられた。その後、母は私と一緒に死のうとしたそうだ。「でも、彩ちゃんがにこにこしていたから、思いとどまることができたのよ」と言う。自分の命までも救う笑顔って大切だ。

「この子を救うのは教育よ。読み書きができれば、社会で生きていける」と母は絵本を読み聞かせ、一緒に絵日記を書いた。

言葉を目で覚えるためにテレビには「てれび」、窓には「まど」とあらゆるものに名前カードが貼られた。愛知県立千種聾学校の幼稚部に通う車内も「あれは木だよ」「車だよ」とことば教室になった。毎日毎日、朝から晩まで言葉のシャワーを浴びた。

言葉を覚えれば、自分の気持ちを書き表せる。本を開けば様々な世界を旅できる。私は3度の食事よりも読書、読書、読書で「ご飯よ！　本は後にしなさい」と母に注意されていた。

ところが、そんな小言もどこ吹く風、物語や日記、漫画まで描くようになった。

小学低学年の私は4月生まれということもあって、クラスでは体が大きい方。かけっこはいつも一番で、腕相撲で男子を次々と負かし、クラスで一番を誇っていた。勉強も家で予習復習をしていたため成績もよく、先生は「皆さんも今村さんを見習いましょう」と言っていた。

しかし、苦手なことがあった。それはコミュニケーション。1対1の場合は相手の口の動きを読み取って理解するのだが、早口の人や口が小さい人だと何を言っているのか内容が分からない。大勢でのおしゃべりやクラスでの話し合いはお手上げ。皆に合わせて笑ったり、うなずいたりしていた。

心では「何?」「何を笑っているの?」と寂しい気持ちでいっぱいだった。「もう1回言って」と言うと雰囲気を壊したり、しつこいと思われたりするのが怖くて黙っていた。友達の輪にいても私だけガラス張りの個室にいるようだった。だから、確実に内容を理解でき、楽しめる本の世界に夢中になり、物語を書く作業で孤独を紛らわせていたのかなあと思う。

当時の日記を読みたくなり、地下室から埃をかぶった段ボール箱を引っ張り出した。表紙にマル秘と書かれている中学時代の日記も出した。今日までの日記を数えると、117冊にものぼる。しばしあっけにとられる。こんなにも書いてたのか私。映画制作よりも長く続けていたんだ。

日記をつける行為は歯磨きをするのと同じなので、全く気づかなかった。

小1から33年間も途切れることなく続けていたんだ。この117冊に33年間の人生が詰まっているんだ……。そう思うと感慨深いものがあった。

厳かな気持ちになり、日記をつけていたジャポニカ学習帳を開いた。初めての日記に私は何を書いたのだろう。

ゆっくり丁寧に書いたんだなあ。可愛い小学生だったんだなあと読み進めていたら、カタツムリをけなしている。うーん。辛辣な面もある子だったんか。

気を取り直して小4の自由帳を開いた。これもジャポニカである。

「ミーヤ物語」(※)の登場人物の紹介では、8匹の猫と4人のプロフィールが書かれている。やたらと多いなあとページをめくると、なんと。漫画はたった4コマで終わっていた。

なんちゅう……。

タイムスリップできるとしたら、10歳の私にこのノートを見せて「なんですぐ終わっちゃったの?」と聞いてみたい。

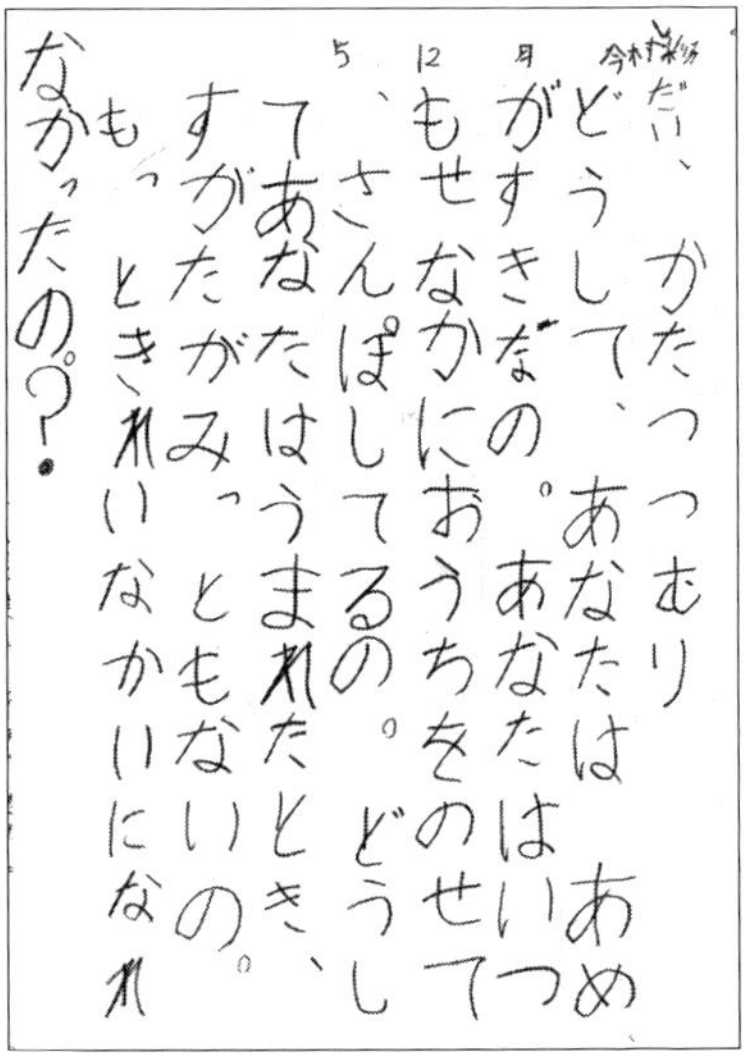
だい、かたつむり
どうして、あなたはあめ
がすきなの。あなたはいつ
もせなかにおうちをのせて
、さんぽしてるの。どうし
てあなたはうまれたとき、
すがたがみっともないの。
もっときれいなかいになれ
なかったの?

初めての日記「かたつむり」(小1)

登場人物のプロフィールを描いたら満足して物語はどうでもよくなったのか、単なるネタ切れなのか。もし、後者だったら、気骨とか気概というものがなさすぎる。

「家族が皆、死んでミーヤが取り残されるところから物語が始まるんでしょ」とぶつけたら、10歳の私はどう答えるのだろうか。すごく興味がある。

他の日記を読むとゲームばかりしている弟に嘆き、母にきちんとしつけをしてほしい、でないとまともな大人にならないよとぼやいたり、給食でなみちゃんと村田くんが何回おかわりするかを賭けで予想したりと、とりとめのない日常が綴られていた。ちなみにそ

4コマで終わらせてしまったミーヤ物語（小4）

の時、賭けたものは折り紙１～３枚だった。

そして、ざんざん行方を心配していた弟は現在、二児のパパ。消防士として人の安全を守っている。映画監督よりも安定した職業についている。

講演では映画監督を目指すきっかけとして、「地元の小学校に通っていた時、友達の会話に入れず、寂しかった。映画はそんな私の寂しさを癒してくれた」と繰り返し話していたので、私の小学生時代は「寂しい思いをした時代」とインプットされていた。でも、私もありふれたごくフツーの小学生だったんだ。心がほっこりした。

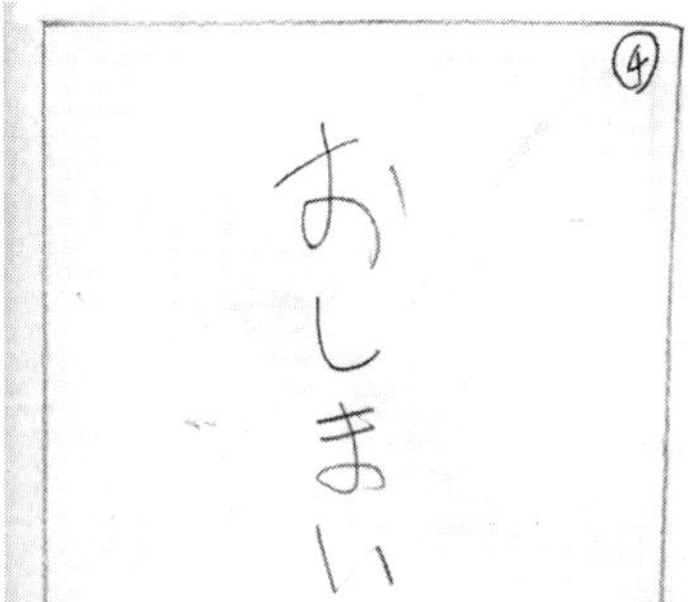

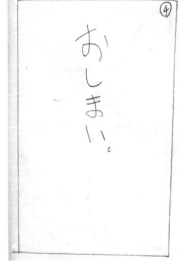

間違ったインプットは実はもう１つあった。日記に「映画監督が夢」と書かれた文章はどこにもなかったのだ。「童話作家になりたい」と数冊の日記に書かれていた。そうだった。思い出した。でも、表紙絵と登場人物のプロフィールで満足してしまう子どもだったから、童話作家になれなかったのだろう。だから、今こうして映画を撮っている私がいる。

今でも日記をつけているのは、母の教育の賜物だろう。

※１　ミーヤ物語…ミーヤは小２の時、弟と裏庭で拾って飼っていた猫。

母からもらった1冊の本

中学時代は有松絞で有名な地区の名古屋市立東陵中学校に入学した。勉強も部活も頑張ろう！と「文武両道」を掲げ、バスケットボール部に入部。朝練もあるため家を出るのは6時半。放課後も日が暮れるまで汗を流した。

授業では、内容を理解するため先生の口の動きを読み取る。これを読話《どくわ》と言う。中学校は小学校と違って教科ごとに先生が変わる。口を読み取りやすい先生もいれば、口が小さかったり早口だったりして分かりづらい先生もいた。

読話の集中力は15分が限度。「放送室」と「校長室」、「たまご」と「タバコ」と口形が似ている言葉も多く、完璧に読み取るのは不可能だ。

朝から夕方まで先生の口を凝視し、内容を推測しながらの授業は目や脳に相当な負担がかかる。体力だけでなく、目も脳みそも酷使する。ヘロヘロになって帰宅してもぐたーっと大の字にはなれない。予習と復習が待っている。夕食を食べるとまぶたが重くなり、睡魔との闘いが始まる。当時の私は、今では涙が出るくらい健気に頑張っていたのだ。

小学校高学年の頃、クラスメートからいじめを受けるようになり、学校を休んだ。1日休むと次の日学校に行きにくくなり、また休んでしまった。翌日になるとますます行きにくくなり、休んだ。

平日の昼間に子どもが家にいる状況は親を心配させる。平常心ではいられなくなった母は、私を学校に連れていこうとした。無理やり車に乗せられて泣きながら学校へ向かったこともある。

学校も家でも私の周りは聞こえる人ばかり。誰も私の気持ちが分かる訳ない！と先生や友達だけでなく家族にも鉄の扉で心を閉ざし、３か月ほど家にいた。「ひきこもり」「不登校」という言葉がまだそれほど浸透していなかった頃のことである。

「登校拒否児」だった私は、部屋で紙をひたすら破り続けた。出口のないトンネルをさまよっているような日々だった。

そんなある日、母から1冊の本を渡された。高村真理子著の『アメリカ手話留学記』。耳の聞こえない女性の留学記である。

高村さんが学んだカリフォルニア州立大学ノースリッジ校は当時はアメリカで2番目にろうの学生が多く、２５０人の学生が在籍していた。講義には手話通訳がつき、聞こえる学生と一緒に学ぶことができる。

何て夢のような環境なんだろう！　夢中になって次々と文字を追いかけ、あっという間に読破。読み終えた後もしばらく放心状態が続いた。

小学時代からビデオで見ていたアメリカは、自由で広くて何でも叶う世界。しかし、聞こえないから難しいだろうと、渡米を無意識に諦めていた。

手話通訳派遣制度のある大学が私の「諦め」をいい意味でぶち壊してくれた。私もアメリカで勉強ができるんだ！　留学して映画制作を学ぶんだ！と夢が生まれた。

自分に才能があると思ったことはないが、「何の根拠もなく強烈に思い込む」才能はあるんじゃないかと感じている。だから、この時も「英語が完璧じゃないから難しいだろう」とか「文化も言葉も違う国で暮らすだけでも大変なのに学ぶなんて無理」と心配する余地もなかった。既に留学を経験している者がいるなら私にもできる！と疑いもしなかった。

何かに心が動いた時、心がふるえた時、希望を見つけ、夢が生まれる。私にとってそれは父が毎週毎週借りてくれた洋画、母がくれた1冊の本だった。

6冊の英語の交換日記

H9.1.18（SAT）

I make up my mind to keep a diary from today at least write one sentence.
Please read and correct if I go wrong. Please write a comment, too, if you can.
（私は今日から最低一文でも英語で日記をつけることを決めました。読んでもし、ミスがあったら正してください。もし、できれば、コメントをつけてください）

高2と高3の担任は英語教諭の河合世里子先生だった。常に髪を後ろで1つにまとめ、英字新聞と英和・和英辞典を持ち歩いていた。

授業になると先生は英雑誌「TIME」や英字新聞を机に並べた。

「自分の興味のある記事を読んでください。分からない単語が出たら辞書を引いてね」

びっしりと英字で埋められた誌面や紙面はそれだけでお洒落だ。うわあ、なんて素敵なの！とテンションが上がる。

映画関連の記事を選び、辞書を引きながら読み進める。関心がある内容なので、調べるのも苦にならない。意味が分かると嬉しくなる。辞書を片手に様々な記事を読んでいった。

アメリカに留学したら、書いて伝える力も必要だ。

あることを思いついた私は、まっさらなノートを開いた。しかし、ペンが進まない。もどかしさを抱えながら、和英辞典や教科書の例文を参考にして書いた。それが冒頭の英文である。たった2行だが、1時間はかかった。翌日、先生にノートを渡すと満面の笑みで受け取ってくれた。こうして先生との英語の交換日記が始まった。

今日1日あったことを書こう！と、自分の頭から数少ない英単語を引っ張り出して日記を書いていった。私の書いた次のページは、先生の1日が滑らかな筆記体で埋まった。

へえ〜！　先生は高校生の時、音楽クラブに入っていたんだ。ポップミュージックは歌が早すぎて分からないけど、シャ乱Qは好きなんだ。先生を身近に感じた。

「文法のミスを気にするよりも内容が伝わればいいのよ」が口癖の先生は、「彩子さん、頑張っているね」「彩子さん、よくできるね」「いいよー。その調子！」といつも褒めてくれた。褒められる子は育つ。嬉しくて楽しくて毎日英語で日記を書いては渡した。次第に英語で思考し、文を書けるようになった。

「体重が2キロ増えてしまった。寄宿舎（当時は寄宿舎で生活していた）の夕食が5時半と早いから夜8時、9時にはお腹が空いてプリンやヨーグルト、リンゴを食べてしまう」とか、「明日18歳になるけど、私は童顔のせいかよく中学生と間違えられる。18歳に見られるようになりたい」とか「放課後、1人で図書室で古文を勉強していたら孤独を感じた」

などと当時の重大な悩みや他愛もない日々を英語で2ページ、3ページと綴った。

そのたび、先生は「甘いものは女性の敵ね」「孤独を感じたら、エキサイティングなことを考えてみて」と英語でコメントをつけてくれた。2冊、3冊とノートが増えていった。

高2の時に挑んだ英検2級は一発で合格。忙しい時も返事や自身の日記をつけて返してくれた先生のお蔭で日常生活に必要な英語の力が身についた。

今でも私は何かを学ぶ時は、どうしたら自分が楽しく学べるかを考えて実行している。応援してくれる人を見つけられたらベストだ。壁にぶつかった時、落ち込んだ時、あなたの背中を押してくれる。

英語の交換日記は、高等部を卒業する日まで続いた。今でも日記を開くと、英字新聞を小脇に抱えて歩く河合先生を思い出す。

卒業式に渡された日記の最後には、こう書かれていた。

When you're in trouble, I'll help you at any time anywhere.
Please Fax to me. Good-bye, now.
（あなたが困った時はいつでもどこでも助けます。FAXをください）

君はありのままでいいんだよ。環境を変えればいいんだ

家から車で30分の愛知教育大学に入学した。大学にとって、ろう学生は私が初めてである。

講義では友人にノートテイク（※1）をしてもらっていた。ボランティアとして。講義は1コマ90分もある。ずーっと手を動かしっぱなしの友人に対して申し訳ない気持ちが常にあった。

大学1年の冬、映画制作を学ぶためにカリフォルニア州立大学ノースリッジ校（CSUN）に留学した。

CSUNにはろう・難聴学生の支援センターがあり、アメリカ手話通訳やノートテイク、パソコン通訳を提供している。手話通訳者の技術が未熟だと別の手話通訳者に変えてもらうこともできるのだ。

日本では考えられない。何て素晴らしく、贅沢な環境なのだろう。私がどれだけ感動しているのかをアメリカの友人に伝えた。

すると「当たり前だよ」の一言。

「ええ？　当たり前じゃないよ。めちゃくちゃ恵まれているよ！」

驚いた私は言い返した。

「日本にはそんな大学、ほとんどないよ」

「えっ？　じゃあ日本のろう学生の授業料は減額されているの？」

「いやいや、聞こえる学生と同じように払っているよ」

「だったら、授業の内容を１００％知る権利はあるでしょう」

なるほど！　「目からうろこ」だった。

私は私のまんまでいいんだ。聞こえる人に追いつこうと必死にならなくていいんだ。手話通訳をつけるなどして学べるように環境を変えればいいんだ。

愛教大に復学した私は、岩田先生（障害児教育）の研究室に向かった。

「私が大学に入った目的は学ぶためです。聞こえる学生と同じように授業料を払っていますが、１００％授業の内容を理解することができません。手話通訳をつけてください」

その２か月後、講義に手話通訳がついた。手話通訳派遣制度をゼロから立ち上げるために岩田先生をはじめ手話通訳士の本田さん、多くの方が動いてくださったのだ。

授業に手話通訳がついた時の感動は今でも忘れられない。通訳者は先生の冗談や学生の発言も全て手話で伝える。

ただ座って紙に書かれた文字を追うというモノクロのような授業が立体的になって色彩

を帯び、私の目、頭、体、そして心に飛び込んできた。

「この先生は大阪弁を使うんだな」「あの学生はおとなしそうだけど、なかなか面白い考えを持っている」とちっぽけな、でも、それがないと授業が味気なくなる会話も分かり、何もかもが新鮮だった。聞こえる学生に置いてけぼりにされがちな私だったが、その時初めて「授業に参加している」と実感した。

他の大学に通う友達は、授業中は分からないまま座っているだけで、休憩時間に友達のノートをコピーしているという。ノートテイクや手話通訳を要望しても「自分の努力で乗り越えるように」と断られるそうだ。

ショックだった。このままではいけない。もしかしたら、大学側もろう・難聴学生に対する支援や配慮を知らないだけなのかもしれない。だったら、講義の情報保障（※２）に取り組んでいる大学を紹介しようといくつかの大学を取材した。

そして生まれたのがＤＶＤ「ユニバーシティライフ」である。ビデオとＤＶＤに収録し、案内を出すと全国の大学やろう学校からも注文が舞い込み、あっという間に完売した。

あれから16年が経った現在、大学に進学するろう・難聴学生も増え、手話通訳やノートテイクを設置する大学も増えている。ＩＴ技術を駆使した音声認識通訳（※３）も登場して情報保障の手段が増えた。

愛教大では、「ユニバーシティライフ」を出した翌年に、情報保障支援学生団体「てくてく」が立ち上がった。授業だけでなく、大学主催の行事やセミナーの情報保障もしている。そのお蔭で教員採用試験に合格し、晴れて教諭になった卒業生もいる。環境を整えることで、ろう・難聴学生の可能性の幅が広がる。

今でも専門学校で手話を教えている友人からの年賀状に「授業で『ユニライフ』を活用しています」と書かれているのを見ると私の知らない間に活躍しているんだなあと我が子の成長を喜ぶ親の気持ちになる。

※1　ノートテイク…話している内容を紙に書くこと。

※2　情報保障…ろう・難聴者のために、手話通訳やノートテイク、パソコン通訳などの手段を通して情報を保障すること。

※3　音声認識…人の声をコンピューターが認識し、文字に変換する機能。

ろう学校の子どもたちも恋愛したりケンカするんだよ

舞台は豊橋聾学校の寄宿舎。舎生のえりちゃんが舎監の山本先生に高らかに宣言する。

「好きな人、いっぱいいる！」

「え？誰？」

「10人いる！」

「10人もいるの？」

「○○くんと、△△くんと……」

指を折りながら好きな子の名前をあげるえりちゃん。

初めて撮った作品「めっちゃはじけてる！豊ろうっ子」の場面である。

山本先生が尋ねる。

「好きな先生は？」

「みーんな、キラいっ！」

きっぱり言い放つえりちゃんは笑っている。

編集や上映会で何百回も見ているが、何度見ても微笑ましい。一番好きな場面である。

ところで耳の聞こえない子どもたちが通うろう学校（聴覚支援学校）は、全国でいくつあるかご存知だろうか。愛知県は名古屋に2校、一宮、岡崎、豊橋に各1校の合計5校がある。全国で約100校あり、愛知県は東京の次に多い。

ろう学校を目の見えない子どもが通う盲学校と混同する人も多く、一般の人が学校生活を知る機会はほとんどない。そのため無関心だったり、「暗い」「かわいそう」と偏ったイメージを持たれたりする。私はそのたびに、反論したくなる。

ろう学校の子どもも友達とケンカもすれば、恋愛もする。授業中におしゃべりして先生に怒られることもしょっちゅう。手話というコミュニケーションの方法が異なるだけで聞こえる子どもと変わらない。

ありのままのろう学校を知ってほしい。そうだ、ろう学校を撮ろう！　いや、撮るだけでは張り合いがない。ビデオコンテストに応募しよう！

まだ撮影も編集もしたことがない私は、「名古屋ビデオコンテスト（名古屋テレビ主催）に応募する！」とマジックで紙に書き、壁に貼った。

レポーターは尾崎くんに依頼した。豊橋聾学校の近くの高校に通っていた彼は、ろうの友達がいて簡単な手話もできる。尾崎くんと豊橋聾学校の幼稚部、小学部、中学部、高等部、職員室にお邪魔した。子どもや先生、保護者方にインタビューした。寄宿舎では子どもたちと一緒に夕飯を食べ、お風呂に入った。

取材後、尾崎くんが言った。

「取材する前までは、心のどこかで聞こえない子どもはかわいそうだと思っていた。でも、かわいそうなのは偏見を持っていた自分の方だった」

私の伝えたかったことが届いた。胸に込み上がるものを感じた直後、はっとした。そうか。聞こえる人はただ、知らないだけなんだ。だから、偏見や差別が生まれるんだ。

編集に取り掛かったが、想像以上に大変だった。そりゃそうだ、編集の経験がないんだもの。

冒頭に登場している山本先生は、私の担任でもあり、パソコンに詳しい。編集ソフトの入ったパソコンを貸してもらった。ファイルを作成している時にエラーが出たり、HDDの空き容量があるにもかかわらず、ビデオファイルを保存できなかったり、画面が消えてしまったりする。毎朝毎晩、FAXやメールで山本先生を質問攻めにした。教えてもらってもパソコン専門用語が分からず、説明そのものが理解できない。「ソースファイル」「シナリオファイル」「読み込みをやり直す」の意味を問うと返事が来た。

『ソースファイル』は、キャプチャしただけのファイルのことです。『シナリオファイル』は、キャプチャしたファイルを並べてストーリーを構築したファイルです。『読み込みをやり直す』は、キャプチャし直すと考えてください」

先生はいつも辛抱強く教えてくださった。時間がない時は、電話で母に説明することもあった。そのたび、母は「先生の『〜だら』という三河弁がおかしくて」と笑っていた。

朝早く起き、大学に行くまでの間もパソコンにかじりつく日々。夜は「絶対！ビデオコンテストに出して入賞する！」と書いた紙を枕の下に置いて寝た。

構成は、尾崎くんのろう学校に行く前後の心の変化が分かるように組み立てた。ナレーターも彼に担当してもらった。スタジオを借りる費用はもちろんないので、我が家でビデオカメラで収録した。

完成に近づきつつある日、パソコンが止まった時は顔が青くなった。でも困った時は、山本先生である。すぐ連絡して対処方法を教えてもらい、何とか解決した。ハラハラドキドキ、ヒヤヒヤが止まらず、いつも頭は興奮状態。

締切日の夕方に編集を終えた。テープに書き出す時は祈るような思いだった。パソコンは最後にへそを曲げるようなことはせず、無事に書き出しが終わった。

最寄りの郵便局は営業時間が終わっている。大きな郵便局へ車を飛ばし、目の前で消印を押してもらった時は、長いジェットコースターから降りたようで力が抜けた。

名古屋ビデオコンテストでは初めての作品にもかかわらず、優秀賞を受賞。撮影や編集の技術が素晴らしい作品もあったが、絶対間に合わせる！という執念と、ろう学校の子どもも変わりないんだよという想いを受け止めてくださったのだろう。ほぼ毎日、仕事の合間に一つひとつ丁寧に説明してくれた山本先生の存在が大きい。先生がいなければ、受賞はもちろん、作品を生み出すこともできなかった。

地元の手話サークルや、小・中学校で上映すると、様々な声が寄せられた。

「ろう者に対するイメージが変わった」

「ろう学校の生徒も一般校の生徒と変わらないんだね」

そうそう。そうなんだよ！

偏見は無知から生ずる。それならば、映像でろう者の日常生活や考えていることを伝えていこう。そして、それを生涯の仕事にしたい。

処女作がドキュメンタリー映画の道に進む決め手となった。

山本先生はあの後、他の学校を転々とし、豊橋聾学校に戻った。今は高等部で数学を教えているそうだ。山本先生があの時、助けてくださったから今の私がいる。久々に会いたくなった。寄宿舎のえりちゃんにも。

「好きな人、いる？」と聞いたら、どんな答えが返ってくるのだろうか。

ニューヨークロケ

壁は新しい世界に踏み出した証し

ダスキン愛の輪基金（※）で研修した若者たちのその後を取材している。その中の１人、片岡亮太さんはプロのミュージシャン。２０１３年3月にニューヨークへ飛び、障害学を学んだ。研修後もニューヨークを訪れ、音楽活動をしている。

全盲の片岡さんと、補聴器を外したら全く音のない世界の住人となる私。聴覚から情報を得る片岡さんに対して、私は視覚から情報を得る。

コミュニケーションをとろうとしても文字が見えないため筆談はできない。私にとって視覚障害者は遠い世界の人たちだった。

しかし、１つの共通点があった。手段は違えども2人とも表現者というところ。片岡さんは音楽で、私は映像で表現している。同じ表現者としての片岡亮太という人間に興味が出てきた。

3月はニューヨークに滞在すると連絡があり、取材に行った。取材班はカメラマンの吉田さん、手話通訳者と私の３人。機内泊も含めて4泊5日のロケである。時差ボケで冴えない頭と初めてのニューヨークという興奮の中で取材が始まった。だが、片岡さんという人間を知りたいと思えば思うほど、もどかしさを感じることになった。

インタビューは手話通訳を介して行った。私に入る片岡さんの言葉は、通訳者が日本語から「日本手話」に翻訳したもの。日本手話は独立した言語であり、日本語とは異なる文法を持つ。英語で書かれた本を日本語で読むような感覚だった。

もし、片岡さんがアメリカ人だったら、共通の言語がないためまだ割り切れるだろう。しかし、片岡さんも私も日本人であり、日本語を共有している。それだけにじれったかった。片岡さんの発した日本語で一字一句も逃さず、片岡さんが持つリズムで受け止めたい。しかし、それは聞こえないため不可能だ。せめて表情からでもと思っても、片岡さんの顔の3分の1は真っ黒なサングラスで覆われている。目から感情を察したくてもできない。

私が片岡さんに感じている距離を彼も私に対して感じているだろう。通訳者が私の手話を読み取り、音声日本語にしていく。片岡さんの耳に入ってくるのは、通訳者が手話から日本語に翻訳した声である。私は片岡さんの正面にいるが、彼にとって私は「その場にいない」。

今の私だったら、迷わず声でインタビューしたが、当時は「ろう者は手話を使うもの」という考えに縛られていた。

片岡さんはアイコンタクトができないため話し終えていいのか、話し続けていいのか手話通訳は追いついてきているのかなど気を使っただろう。

目の前に現れた壁は、新しい世界に踏み出した証し。片岡さんが帰国したら、1人で会いに行こう。ニューヨークロケで感じたことを私の声で伝えよう。片岡さんは文章を音声に変えるノートパソコンを持っている。私の発音が分からなかったら、ノートパソコンに打とう。片岡さんも伝えたい内容をパソコンに打てば私も分かる。

お互いに工夫すれば、コミュニケーションができる。そう思うとワクワクしてきた。早速、片岡さんにメールした。

※ ダスキン愛の輪基金…地域社会のリーダーとして貢献したいと願う障害のある若者に海外で実地研修をしてもらう事業で1981年からスタートした。

めんどくさいことをなくすのが福祉

2013年のニューヨークロケから2か月経った5月上旬、片岡さんの実家がある静岡県三島市を訪れた。婚約者の山村さんも来てくれた。山村さんは目が見える。ニューヨークでは英語通訳や道案内でお世話になった。

ドキドキしながら三島駅の改札口でキョロキョロしていると、サングラスをかけた片岡さんと山村さんが現れた。

「お久しぶりです」

笑顔を交わし、喫茶店に入った。片岡さんはノートパソコンを出し、イヤホンをつけて打ち始めた。山村さんは口の動きにメリハリがついているので読み取りやすい。口でゆっくり話してもらった。２人とも私の声は分かると言うので、私は声で話した。

ニューヨークで感じたもどかしさや、直接片岡さんの言葉を受け取りたかった気持ちを伝えた。山村さんは真剣な面持ちで私を見つめ、片岡さんは黙って時折うなずいていた。

話し終えると山村さんが口を開いた。

「あの時、私も距離を感じていました。通訳がいる場面で話すのは初めてで、今村さんと通訳者、どっちを見て話せばいいのか分かりませんでした。通訳者が今村さんの手話を読み取ってくれるので、ついつい通訳者の方を見てしまう。今村さんは私を見て手話で話しているけど、私は聞こえるから声がする方を見てしまって。どっちを見ればいいのかなと迷いました」

山村さんだけでなく、初めて手話通訳者と接する人たちはこのような戸惑いを経験する。

「通訳者ではなく、話している人を見てね」と伝えた。

ニューヨークで、片岡さんから「見えないためにしてもらわないといけない。めんどくさいんすよー」という言葉が時々出た。「不便」「不自由」という言葉は重く申し訳ない気持ちになって、対等な関係を築けなくしてしまう。でも、「めんどくさいんすよー」と軽く言われると、そうだよなあ。めんどくさいよなあとうなずける。

「めんどくさいんすよー」が印象に残ったと話すと片岡さんが言った。

「めんどくさいことをなくすのが福祉だ」

なるほど。自分に当てはめて考えてみた。テレビ番組に字幕がついていなければ、通訳が必要になる。通訳者と画面を交互に見るのはめんどくさい。字幕がつけば、1人でも楽しめる。病院で診察を受けるため手話通訳派遣センターにＦＡＸで申し込む。その手間がめんどくさい。院内で専属の通訳者が待機していれば、ろう者だけでなく、医者や看護師も助かる。筆談の手間が省けるからだ。このように一つひとつのめんどくさいことをなくしていくのが福祉。小学生でも分かる論理だ。

別れ際に山村さんが言った。

「今日会えてよかった。今村さんのことが好きになった」

私もだ。嬉しい気持ちがじわっと広がる。

通訳者を介せず、コミュニケーションをとるのは労力を要する。しかし、得るものも大きい。

パソコンの画面に次々と表示される文字を追いながら、片岡さんはこういう言葉を使うんだ、こういう言い方をするんだと分かり、嬉しかった。やっと片岡亮太という人間を感じることができた。

ニューヨークで感じたもどかしさをそのままにせず、再び連絡をとって本当によかった。喫茶店で片岡さんと山村さんと過ごした時間が心の中で輝いている。片岡さんのこの言葉と共に。

「めんどくさいことをなくすのが福祉だ。そして、福祉はなくしていくべき」

昭和を切り拓いたろう女性たち

「私はいつも何かをするたびに拍手喝采と批判の銃弾を浴びます」

大槻芳子さんの台詞である。ＮＨＫ「みんなの手話」（「ろうを生きる難聴を生きる」の前身）の番組を作った方だ。

映像制作が軌道に乗ったある日、Lifestyles of Deaf Women の代表からＤＶＤ制作の依頼が来た。

ろう・難聴の女性は、就職、結婚、出産、育児で聞こえる女性や聞こえない男性と異なる悩みがある。職場や地域で自分らしく生きていくための情報発信、意見交換の場として作られたのが Lifestyles of Deaf Women だ。

昭和時代を生きたろう女性の体験をまとめたいと相談を持ちかけられた時、正直なところ気乗りしなかった。差別や偏見が多い中、苦労の二文字を背負って日の当たらないところで生きているという暗いイメージがあったからだ。しかし、記録に残す重要性を感じ、制作を引き受けた。

その取材で出会った一人が、冒頭で紹介した大槻さんである。アメリカ・カリフォルニア州立大学ノースリッジ校を視察した大槻さんは、聞こえる学生と学び、青春を謳歌しているろう学生の姿に衝撃を受けたそうだ。

帰国後、ＮＨＫから届いた一枚のハガキがきっかけで番組制作に関わり、自らキャスターを務めた。ろう者や手話の理解を広めようと手話で歌って踊るライブを企画し、ドレス姿で全国を飛び回った。

そんな彼女を応援する人もいれば、批判する人もいる。毎回行動を起こすたび、拍手喝采と批判の銃弾を浴びると大槻さんは面白おかしく話してくれた。

もちろん明るい話ばかりではない。他の取材で自由に結婚も出産もできなかったこと、子どもが生まれないように手術を受けさせられた話も聞いた。（※１）

現在はろう者も自由に結婚し、職を得て、車を運転している。外で手話を使っても以前ほどジロジロ見られなくなった。一昔前は、運転免許の資格取得は認められず、車の運転も許されなかったのだ。ろうの大先輩やその家族、手話関係者らの懸命な運動の賜物である。

翻弄されながらも生き抜いてきた先輩たちの手話による記録映画を「昭和時代を切り拓いたろう女性からあなたへ」と冠して世に出した。（現在はビデオ、ＤＶＤ共に完売）ろう者の歩んできた歴史を知ることは自分のルーツを知り、未来への指針となる。

それを実感したのは最近の出来事である。「Start Line」を上映したところから感想が届いた。読んでいて暗い気持ちになった。

「この映画を観て自分がどれだけ幸せな毎日を過ごせているのか改めて気づかされました」

「普段耳が聞こえて生活できている自分はろう者の人たちと比べたら幸せ者だなと感じた」

「Start Line」のテーマはコミュニケーションである。耳が聞こえない人の苦労話ではない。だが、たまにこのような感想をもらう。

彼らは悪気があって書いた訳ではない。だから、見える差別よりやっかいである。まあちゃんにＬＩＮＥで愚痴ってしまった。

「ろう者を勝手に不幸って決めつけている。視野の狭いオマエこそ不幸だよと言いたくなる」

「んだんだ」というパンダのスタンプと共にメッセージが届いた。

「自分は障害を持つことになるなんて考えもしないんだろうなあと思った。っていうか、ある意味しかたないかなあとか、そういう考えの方向にいってしまう教育とか環境とかも問題あるよなあ。優生思想の走りだよなあ」

そうだそうだ！とうなずきながら見ていると、またメッセージが表示された。

「あの映画は、あやちゃんがわがままこの上ないよなと思うんだけどねえ（笑）」

ぎゃふん！

それは置いといて……。まあちゃんに気持ちを受け止めてもらった私は冷静になった。

小・中学校では福祉実践教室がカリキュラムに組み込まれ、ろう者や手話に触れる機会が増えた現在、手話は「ろう者の言葉」として認識されつつある。手話言語条例（※2）が成立した自治体は、26都道府県を含む合計270に上る。（2019年4月4日現在）

それは喜ばしいことだが、「障害者はかわいそう」という風潮は依然として根強い。社会を築く大人や次世代の教育を担う先生たちは、隔離教育やバリアだらけの社会で外に出る障害者が少なかった青少年期を過ごした。そのため障害者と接した経験がなく、家庭で、授業で子どもにどのように教えればいいのか分からないのだろう。

そう考えると「障害があるのに頑張っている」と思う大人、「障害者の苦労を知りましょう」という授業をしてしまいがちな先生の元で、自分と比べて幸せと思う子どもがいるのも仕方ないのかもしれない。

そのような発想は優生思想を生み出す根源と気づいた人が伝えたり、自らの経験で学んだりしなければ、永遠に分からない。かくいう私も自分の中に優生思想が潜んでいないかというチェックが必要だ。

「分かってない」と嘆くのは簡単だが、何も生み出さない。今後も「障害者と比べて自分は幸せだ」という感想を聞いて、ざらっとした気持ちになるのを繰り返すだけだ。ドレスで全国を回った大槻さん方、先輩たちの思いを継ぎ、理解普及に情熱を注いでいる仲間が今もそれぞれの地域で活動している。受け身でいたら社会は変わらない。大槻さんだったら、先生のための指導案を作って全国の学校を回るのだろうか。私には何ができるのだろうか。昭和時代を切り拓いた先輩の生き方を指針として考えたい。

※1　2018年冬、宮城で知的障害を理由に強制不妊手術を受けた女性が国を提訴した。それが引き金となり、各地域で何人かのろう者も裁判を起こしている。

※2　手話言語条例…日常的に手話が使え、ろう者とろう以外の人が共生する社会を目指す条例。

聞こえない妻が働き、聞こえる夫が主夫をする

「聞こえない女性と聞こえる男性が結婚し、息子を育てています」と聞くと、聞こえない妻が主婦として育児をしていると想像する人がほとんどだろう。その中の1人だった私を1組の夫婦が変えてくれた。

フルタイムで働く高橋真里さんと育児休暇をとり、1年間主夫として家事と育児を担当した源太郎さん。彼らとの出会いは、「ユニバーシティライフ」(※1)を制作した2005年に遡る。

取材先の群馬大学に在籍していた真里さんは、私と同い年ということもあり、今もたまに連絡を取り合う。

「ユニバーシティライフ」が世に出た3年後、源太郎さんが育児休暇を取ったと連絡をもらった。ええ？　どんな感じなのかな。おもしろそう！とカメラ片手に群馬へ飛んだ。

真里さんと源太郎さんの朝の風景はこうだ。

朝6時に起床。真里さんはテレビでNHKラジオ体操を見ながら、体を動かす。体操が終わると着替えて仕事の支度をする。

その間ずっと源太郎さんは台所でせわしく動く。

「今は嫁さんの朝ご飯を作っている。その後は共蔵（長男）の朝ご飯。終わったら、お弁当を作らないと」

台所を見ると美味しそうな卵焼きが出来上がっていた。

真里さんは源太郎さん手作りの朝ご飯をとりながら、共蔵くんに食べさせる。

「お弁当、忘れないように」

源太郎さんは真里さんに手話で伝えると洗濯機を回す。食べている共蔵くんを見守りながら、真里さんは家庭ゴミをまとめる。

源太郎さんは共蔵くんに服を着替えさせて、真里さんにバトンタッチ。ベランダで洗濯物を干し始める。息子をひざに乗せた真里さんは手話で絵本を読み始める。

「嫁さんのいる時間はすごく貴重。皿洗いや洗濯物干し、風呂洗いに専念できるから」

小さな靴下を干しながら笑う源太郎さんは、母に家事を任せっきりだった私にとってプロの主夫そのものである。

ゴミ袋を抱えて車を出す真里さんを、ベランダで服を干している源太郎さんと一緒に見送った。ありふれた日常の一場面だが、役割が逆転しただけで全てが新鮮だった。無我夢中でカメラを回した。

先ほど紹介した高橋家の朝は、ＤＶＤ「五目ごはん ～私たちの生きる道～」（※２）で見られる。ＤＶＤジャケットの中央を飾っているお弁当は源太郎さんが真里さんに作ったもの。本作には真里さんを含めた５人のろう者が登場するので、五目ご飯を作ってほしいとお願いしたのだ。

「実は具が４品なんだ。１つ忘れていた」と源太郎さんに打ち明けられたことは懐かしい思い出の１つである。

家事を一通り終えた源太郎さんは腰を床に下ろした。

「育児休暇をとる前までは主婦は自分の時間があると思っていたが、掃除、洗濯、料理と忙しく、買い物や息子の世話をして大変だということが分かった。だから、休みの時は育児で自分ができることをしたい。何よりも息子の成長を見たい」

妻には自分の時間がたくさんある、と思い込んでいる世の中の夫に聞いていただきたい言葉だ。

職場に復帰した源太郎さんと娘（共蔵くんの妹）を出産した真里さんは現在、共働きしながら育児をしている。

源太郎さんが育児休暇をとると夫婦で決めた時、職場や源太郎さんの家族は驚いた。上司に「育児休暇をとるのはあなたの権利だからいい。でも、今までで初めてのことだ」と言われ、職場での評価が下がるのではないかと母親は心配した。

1年間の育児休暇が終わる頃、源太郎さんが言った。

「妻は障害者で自分は健常者。妻が働いて僕が主夫と聞くと世間は珍しいと思う。でも、こういう夫婦がいてもいいと思う。いろんな人がいていろんな生き方があるんだと認められる社会になれば、誰もがもっと住みやすい社会になると思う」

あれから7年経ち、「11歳の君へ」の制作を経た今、その言葉により深くうなずく自分がいる。源太郎さんが主夫として過ごした時間は真里さんと源太郎さん、子どもたちにどう影響を与えているのか聞いてみたくなった。

※1　DVD「ユニバーシティライフ　～ろう・難聴学生の素顔～」（2006年／文部科学省選定作品）大学におけるろう・難聴学生の情報保障を取材したドキュメンタリー（現在は完売している）。
※2　DVD「五目ごはん　～私たちの生きる道～」（2012年／文部科学省選定作品）「ユニバーシティライフ」に出演している学生の卒業後を追ったドキュメンタリー。5人の若者の仕事、結婚、出産、育児の様子が描かれている。「ユニバーシティライフ」のダイジェスト版も入っている。

2013~2015

友達からはじめようよ

嬉しい出会いとすっきりしない出来事があった。まず、すっきりしない出来事から。

とあるワークショップで多様性を知ろうと「聴覚障害者」「視覚障害者」「肢体障害者」「高齢者」「妊婦」「外国人」「子ども」の疑似体験会が開かれた。

私は「聴覚障害者」の当事者として参加した。疑似体験後、参加者にアドバイスしてほしいと頼まれたのだ。正直にいうとあまり乗り気ではなかった。

予想通り聞こえない状況を体験した人からは「聞こえない人の大変さが分かった」「みんなが何を言っているのか分からず、疎外感を覚えた」「話を読み取るのが大変で目が疲れた」と感想が寄せられた。内容はまちまちだったが、皆口をそろえて言った言葉がある。

「いい経験になった」「これからは周りに聞こえない人がいたら、助けたい」

そう言いながら「聞こえないって大変だなあ」と私を見る。その目に怒りを覚えた。要は傷ついたのである。

以前から皆の中にあった「聞こえない＝大変・かわいそう」というイメージが今回の経

験でさらに増幅されている。「聞こえない人＝助ける対象」という公式ができてしまっている。

「大変なこともあるけれど、楽しいこともあるんだよ。豊かな世界だよ」

私はそう言いたかった。しかし、疑似体験をしたばかりの皆には言っても伝わらないだろう。実際に楽しい経験もしないと分からないのだから。

嬉しい出会いとは、私が制作した映画「珈琲とエンピツ」の上映に来てくれた20代の青年、田谷理くん。手話ができない田谷くんは上映後の交流会にも参加した。

その会はろう者がほとんどで、手話を知らない人は彼1人。未知の世界に対する好奇心と緊張の面持ちで、ビールやご馳走が所狭しと並んだテーブルの上を舞う手話に、目を輝かせていた。

「珈琲とエンピツ」のプロデューサー、阿久津さんが時々通訳したけれど、楽しめたかなあと気がかりだった。でも、それは杞憂だった。私が思っていた以上に彼は楽しんでいた。

後日、アップされたブログの一部である。

　たぶん、阿久津さんが通訳してくれたところ以外は、半分ぐらいしか話がわからなかったと思う。でも、それでも、「伝えたいって気持ち」があったから、ノート持って行って筆談したりとか、わからないところは「もう1回言ってください」とか「わからない」とかって言った。

もっと聞きたいっていうか、みんなの手話(言葉)をわかりたいって思った。もっともっとみんなの話が聞けたらなーって。だって、そっちの方がもっともっともーーーっとおもしろいもん!って。だから、映画館の帰りに地元の図書館によって手話の本を一冊借りた。


みんなと話してみたい!という純粋な気持ち。みんなの言葉(手話)が分かったらもっと楽しいだろうなと手話の本を借りるという行動。とても嬉しかった。

ブログの最後には「出会い」について書かれていた。


「出」て「会」う。それが「出会う」ということ。

それは「自分で構築した心の壁を取り払って、その向こう側に〝出る〟ということ」

だから「出」ないと「会」えない。「出る」ことが「会う」こととも言える。


「自分で構築した心の壁を取り払って、その向こう側に〝出る〟ということ」のところで「珈琲とエンピツ」の主人公は、サーフショップの店長だけれど、まさに店長と出会った私の物語でもあると思った。

壁を作っていたのは「自分」だと気づき、勇気を出してその壁を取り払って新しい世界に飛び込む。すると、世界はやさしいんだと知る。世界をもっと信頼していいんだと感じ取る。

疑似体験をした参加者、一人ひとりに伝えたい。「友達からはじめようよ。そこから見える景色を一緒に見ようよ」って。

牛乳瓶のキャップ

年の暮れに名古屋市内にある小学校を訪れた。1年生から6年生までの200人の子どもたちの前でお話しさせてもらった。

講演は年に50回ほどお受けしているが、全校児童の前で話すのは初めて。1年生にも分かりやすく話そうと手話通訳者と打ち合わせした。

体育館に入ると400の瞳が私と通訳者を見つめる。どんな人なのかな。どんなことが起きるのかな。何を話すのかなと興味津々のキラキラした瞳。

小柄な私のために用意してもらった台の上に立ち、手話で挨拶した。

「こんにちは。今村彩子です」

真ん中の男の子は、私の手話をまねているのか両手を動かしている。

低学年の子どもたちは「ろう者」はもちろん、「手話」もテレビ番組の「字幕」という言葉も知らない。私はそれぞれの言葉の意味を説明しながら子どもたちに聞いた。

「ろう者と出会ったことある?」

「手話を見たことある?」

そのたび、「ある!」と小さな手や大きな手があちこちで挙がる。

「聞こえないってどういうことか分かる？」

「ううん」「分からない」と首を振る子どもたち。その素直さに嬉しくなる。

聞こえる人は、音がない状態を知らないので「全く聞こえない」と話してもどんな状態なのか分からない。

耳をふさいでも音を完全に遮断することはできない。体内を流れる血管や心臓の鼓動が聞こえるからだ。どんなに頑張っても無音状態に身を置けない。

私は言葉を続けた。

「テレビの音を消して観てみて。音がしないよね。何を言っているか分からないよね。車の音もその姿は見えるんだけど、補聴器を外したら音はしないんだ」

子どもたちは真面目な顔つきで聞いている。

講演は後半に差し掛かり、千種聾学校小学部の場面も入っている「五目ごはん」(p. 257 参照)を観てもらった。

「どうだった？　自分たちの学校とろう学校、どんなところが違うって思った？　自分の学校とろう学校の先生や友達のことでもいいよ」

はいはい！と威勢よく手が挙がる。最前列にいる1年生の男の子を当てると元気よく答えた。

「給食の牛乳のキャップが違う！」

苦笑した。

その晩、お風呂に浸かりながら、小学校での講演を思い返した。

ダメじゃん！　私！　自分の犯したミスにハッとした。なぜなら、典型的な答えを求めていたからだ。

「ろう学校の子どもたちは手話を使っている。ぼくたちわたしたちと言葉が違う」という回答を期待して感想を聞こうとしながらも心から子どもたちと向き合おうとしていなかった。

牛乳のキャップが違うと言ってた子、どうしてそんなことを言ったんだろう。あ！　もしかしたら、あの子は聞こえない子どもたちと自分の間に違いを感じなかったのかな。

自分と同じようにろう学校の子どもにも友達がいて、授業でやる気をなくすし、（「五目ごはん」にろう学校の児童がやる気が出ないと顔を覆ってしまう場面がある）給食になると機嫌がよくなり、先生や友達とおしゃべりしている。自分の学校と変わらないじゃんと思った。ただ、給食で見たこともない牛乳のキャップに目がいったから、私の「どんなところが違うと思った？」という問いにそのまま答えたのではないか。

大人としての「正しい答え」を子どもたちに求めていた自分が怖くなった。もっと怖いのはその行為に自覚がなく、子どもたちを洗脳してしまっていること。大人とは違った目線で世界をとらえている子どもたちを常識に固まった大人にしてしまうことだ。

彼らが学校で学ぶ「学問」は「学び問う」もの。

子どもたちの問いに一緒に考えて悩んで答えを見つけていく過程が「学ぶ」ことで、すなわち、「学問」だ。一体何人の大人が子どもたちと一緒に考えているのだろうか。

私は講演や大学の授業で、大勢の人の前で話す機会がよくある。自分が間違っているかもしれないという可能性や自分の価値観、「正しい答え」を押し付けないようにしようと気を引き締めた。

そして、想像した。「牛乳のキャップが違う」と言った子どもはどんな青年に育つのだろうか。彼の感受性がそのまま、すくすくと伸びてゆくやさしい世界であってほしい。

カミングアウト

映画「珈琲とエンピツ」の主人公、太田辰郎さんに出会ったお蔭で少しだが、聞こえる人と話せるようになりつつある。だが、コンビニやドラッグストアで店員から何か言われても分かったふりをしてやり過ごしてきた。「耳が聞こえないので、書いてもらえますか」と言うと、聞こえないという言葉に驚き、一瞬時が止まるのが嫌だったからだ。

しかし、分かったふりをしてもあの時、何を言っていたのだろうとモヤモヤが残るだけ。このままではダメだと行動に移した。

まず、図書館。本を返すついでに延長して借りたい本もあったので「これは返して、こちらは借ります」と伝えた。中年の女性が何か言った。

「耳が聞こえないので、書いてもらえますか」と思い切って伝えた。一瞬間が空いたが、女性はああという顔で紙にボールペンを走らせた。

「7月23日まで借りられますが、一旦返しますか」

「はい」とうなずいた。

次はツタヤだ。借りたいＤＶＤがあったのだが、探しても見つからなかった。

「これ、ありますか」

カウンターで映画のタイトルを記したメモを渡した。

「検索してみますね」

学生バイトらしき女性が、パソコンの画面を見ながら検索している。目当てのＤＶＤが見つかったのか、何かを言う。口を読み取れなかったので声と身ぶりで伝えた。

「私、耳が聞こえないので書いてもらえますか」

「はい」

快く紙に書いてくれた。

「見つかりましたので、カウンターまでお持ちしてよろしいですか」

私がうなずくとＤＶＤを探しに行き、持ってきてくれた。感じのいい女性だな。

「ありがとう」と手話もつけて伝えた。学生さんだったら、小・中学校の福祉実践教室などでこの手話を学んだかもと思いながら。

ツタヤに隣接しているタリーズコーヒーで飲み物を頼むと、ぱっちりした目の可愛い女性店員が何かを尋ねてきた。

図書館やツタヤで繰り返したことをここでも伝えると、彼女は身ぶりで表した。「お持ち帰りですか」と。

「ここで」と人差し指を下に向ける私に「５」とてのひらを広げ、「お待ちください」と番号を渡した。５分待てばいいのね。お主、なかなかやるなあ！　身ぶりは島国の日本人にとってはハードルが高い技である。

最後はＢＯＯＫＯＦＦへ。本を15冊ほど持って行った。カウンターにいたメガネの青年が入り口で紙袋を両手に持った私を見つけると駆けつけて受け取ってくれた。何かを聞いているらしいが、相変わらず言っていることが分からない。聞こえないことを伝えた。

何回もカミングアウトを繰り返し、成功すると自信が出てくる。分からないままやり過ごすよりも話の内容が分かった方が自分のためにもなる。躊躇したり、気後れしたりせずに聞けるようになった。

青年が番号の札を渡そうとしたが、アナウンスで呼び出しても私には届かないと気づいたらしく紙に書いた。

「18時にここに来てください」

オッケーと指で作り、時間つぶしで本棚を見て回った。18時過ぎにカウンターに向かうと別の店員がいた。店員が変わると私のことを伝え忘れ、再度カミングアウトする場合も多々ある。カミングアウトしようとするとメモを次々と見せてくれた。

「鑑定が終わりました。１１９０円になりました。これでよろしいでしょうか」

「身分証明書を見せてください」

「少々お待ちください」

最初に担当したメガネ青年が用意したのだろう。今日は土曜日で来客も多く、カウンターには古本が高く積まれている。一目で分かるくらいの忙しさなのにちゃんと引き継がれている。

メガネ青年は、字はあまり上手とは言えず、表情豊かな人ではないが、細やかな気持ちがすごく伝わってきた。

カミングアウトすると一瞬時が止まるけれど、慣れてくると気にならなくなった。その一瞬が苦手でこれまで分かったふりをし続けてきた。しかし、私が外国人から英語で道を尋ねられたらちょっと構えてしまう。それと同じだと思うと、気負いなく紙に書いてもらうことを口にできるようになった。聞こえないことを伝えたら、得られた多くの情報を自分で捨ててきたんだなとほろ苦い気持ちになった。

これからは分かったふりをせず、伝えよう。それが私を1人のお客として接してくれる店員さんに対するマナーでもあり、私の後に来店した聞こえないお客さまのためにもなる。何より嬉しいのは、マニュアルにはない対応で店員さんの人柄や思いやりを味わえることだ。

私に筆談や身ぶりで伝えてくれた店員さん、どうもありがとう。

朝市のおじさん

年が明けたある日、近くのお寺で開かれている朝市へ行った。始まったばかりなのか人出も少なく、出店者が商品を並べて準備していた。豆やワカメなどの乾物を見ていると、50代ぐらいのおじさんが笑顔で話しかけてきた。嬉しかったけれど、おじさんの言っていることが分からない。

曖昧な笑顔で軽く頭を下げるとおじさんはまた話しかけてきた。分かったふりをするのは失礼だと思い、勇気を出して伝えた。

「私、耳が悪いのです」

「あ……」

おじさんは気まずそうな顔で黙ってしまった。隣にいたおばさんが状況を察したのか、「あんた、これこれ」と特売のうどんを指した。

「うどんが50円？　安いですね」と答えたが、おじさんとはそれっきりになってしまい、心残りだった。

自分が聞こえないから話せなかったという思いが頭をよぎった。

その晩、友人にそのことを話し、どういうふうに伝えれば気まずくならなかったのだろうかと相談した。すると「バカだなあ。あなたは自分のことしか考えていない」と指摘された。

「話せなくて残念に思うのは、あなただけではない」

はっとした。相手も私と同じ気持ちということに気づきもしなかった。

聞こえる人の多くは、聞こえない人と接した経験がない。自分が話しかけた人から「私は聞こえない」と予期もしない答えが返ってきたら、軽いパニック状態になってもおかしくない。さらに私は声で話すので、少しは聞こえるのかと誤解される。

男性だと思って話していた人に「いえ、私女性なんです」と言われたら、びっくりしてドギマギするのと同じだ。その一方で、ろう・難聴者は見知らぬ人に話しかけられた時、「自分は聞こえない」と伝え、驚かれることはたびたびある。

「気まずくなった時の対応を考えられるのは、ろう・難聴者の方だ」という友人の筋立てになるほど！と「目からうろこ」だった。

耳が聞こえる聞こえないにかかわらず、経験者と経験ゼロの人だったら、前者が説明した方が物事はうまくいく。

次の朝市で、書いたメモをおじさんに渡した。

「先日は話しかけていただき、嬉しかったです。私は耳は聞こえないけれど、声に出して話しています。でも、相手の言っている内容は分からないので、筆談または、身ぶりをつけてゆっくり話してもらえると嬉しいです」

「ゆっくり話せばいいんだね。ＯＫ」と笑うおじさん。心に残っていたしこりがなくなった。向かい側で野菜を売っているおじさんに、ゴボウを指して「１００？　２００？」と指で作った。

おじさんは何か言った。読みとれなかった私は再度、指で「１００？　２００？」と尋ねた。すると、おじさんは聞こえないことに気づいたのか「１００」と指で表した。

１００円玉を渡してゴボウを受け取り、お礼をするとおじさんも笑顔で「ありがとう。ありがとうね」と何回も言った。

言語が異なる日本人と外国人が一生懸命伝え合うのと同じで、お互いに相手を分かろうとするからこそ伝わった喜びも大きい。

再三訪れた朝市でおじさんを見つけると、携帯で撮った豚汁の写真を見せた。「ここで買ったゴボウで豚汁を作ったよ」

嬉しそうに何かを言うおじさん。話は分からなかったが、最後の方は読み取れた。

「あんた、中国？　韓国？」

笑ってしまった。その後、そうかと気づいた。こないだの身ぶりでおじさんに私が聞こえないことが伝わったと思っていたけれど、それは思い込みだったんだ。きちんと言葉にしないと相手に伝わらない。

「いえ、私、耳が聞こえないのよ」と答えたが、おじさんは私が声で話しているので、ピンと来ていないようだった。

今度来た時は筆談で「私は声を出して話しているけれど、相手の言っていることは聞こえないのです。だから、書いてもらうかゆっくり大きく口を開けて話してもらえると嬉しいです」と伝えよう。

相手とのコミュニケーションがうまくいかないと、ああ、自分が聞こえないからと諦めにも似た感情を抱きがちな私に友人がいいことを言ってくれた。

「相手も自分と同じように話したがっているんだよ」

温かい気持ちになるのと同時に、悔しくなった。

今まで相手が私と話したいと思っていても、私が勝手に引いてしまい、それっきりになってしまった人たちもいるはずだから。聞こえないから話せないという言い訳から卒業したい。

２０１７〜２０１９

小学校の子どもたち

まあちゃんが給食を作っている小学校の授業に参加した。４年生の教室に入ると「この人ってどんな人？」という興味津々の視線を浴びる。

「こんにちは。今村彩子です。今日は皆さんとお話ができたらいいなと思って来ました。最初に私に何か聞きたいことがある人、いるかな」

挨拶が終わらないうちに、はいはい！とあちこちで手が挙がる。元気なクラスだなあ。話を続けた。

「私は声を出して話しているけれど、耳が聞こえないので皆さんの言っていることは分かりません。どうやってお話しすればいいかな。実際にこうやれば伝わるという方法で私に聞いてみてね」

「はい」

「はい！」

「はい」

まっすぐ挙がる手。そこに躊躇や戸惑いはない。真ん中の男の子を当てると早口で話し始めた。

「うーん。何を言っているのか分からないなあ。私、聞こえないから身ぶりをつけてもらえるかな」

男の子は大きいジェスチャーで伝えてくれるが、まだ分からない。

「うーん。○○？」

「ちがうー！」

男の子はさっきの身ぶりをもう一度繰り返す。周囲の子どもが口々に私に内容を必死に伝えようとする。

「うーん。分からないなあ……」

「そうだ！」

別の子どもが紙に書いて見せた。

「いつから聞こえなくなりましたか」

「おお。書いてくれたら分かるよ。『いつから聞こえなくなりましたか』と聞きたかったんだね。生まれつきです」

「そうか。書けば伝わるんだ！」

皆、一斉に書き始めた。「好きな食べ物は?」「今日何時に起きましたか」「かつ丼が好きだよ」「今日は7時に起きたよ」と答える。

「テレビを見ている人?」

今までの中で一番元気よく手を挙げる子どもたち。

「何を見ている?」

通訳者が何人かの回答を通訳する。

「私はNHKの『72時間』と、『隣の家族は青く見える』というドラマを見ているよ。知っている?」

左端の男の子がすかさず「知らない」と紙に書いて見せる。

「知らない? 松山ケンイチが出ているんだよ」

彼は「へえー」と紙に書いて見せる。

「『へえー』って書いてあります。書いてくれると言っていることが分かるよ」

彼が書いた内容を他の子どもたちとも共有したく、読み上げた。

その後も話すたび、彼は小さな紙に「なるほど」「へえ~」「分かりました」「すごい」「分かりません」と次々と書いては掲げた。質問や発言だけでなく、相づちも伝えたいという彼の気持ちが嬉しい。

筆談をする時、相づちまで紙に書いてくれる人はほとんどいない。リアクションも伝えようと労力を惜しまず、書いてくれたのは今回が初めてで本当に嬉しかった。

また、「聞こえないので、紙に書いてもらえると嬉しいです」と声でお願いすると、ほとんどの人は声で返すことが多い。私の声につられて声で返してしまうのだろう。

子どもたちは、私が声で話していても自分の伝えたい内容は紙に書いて見せてくれた。なぜだろう。頭が柔軟だからなのだろうか。

他の子どもたちの、「うんうん」と私をまっすぐ見て大きく首を縦に振ったり、「違う」と横に振ったり、「へえー」と目を大きくしたりと、一生懸命伝えようという思いも嬉しかった。子どもたちの前で話しながら、静かに感動していた。

担任の先生は、聞こえない人と話し慣れていないのか、私と話す時も手話通訳者を見ていた。先生の不安そうな気持ちが伝わってきた。

私も先生と同じで、聞こえる人に対して神経過敏になってしまう時もある。自分は聞こえないからと必要以上に小さく小さくなってしまうことも。相手は全然そんなこと気にしていないのに。分からなかったら素直に「何？　書いてもらっていいかな」と紙とペンを出すというふうにすればいいだけなんだよね。

歳を重ねるにつれ、構えたり考え過ぎたりするのは、よくよく考えると自分を守るため。相手と距離を置けば、自分の望む結果（例えば、相手と楽しくお話をしたい）にならなくても傷つかない。

過去に傷ついた経験があったから、防衛本能が出るのだろう。その経験が1回だけでも受けたダメージは大きい。その時、相手に自分の気持ちを伝えるといい。すると「えー。全然そんなつもりなかったよ」と返ってくるかもしれない。そしたら、「自分の思い込みだった」と気づける。あとは正しい情報を上書きすればいいだけだ。

もし、人を傷つけるような言葉が返ってきたら、「相手はそういう人なだけで自分のせいではない」と上書きする。こういうふうに上書きをしながら構えず、自分を否定せず、自然体でいきたい。

キラキラした瞳の子どもたちと過ごした時間を思い出しながらそう思った。

HIV／エイズ予防啓発動画の制作

12月1日は何の日かご存知だろうか。世界エイズデーである。2018年、この日の公開に向けてHIV／エイズ予防啓発動画を制作した。なぜ、医療関係者でもない私が諸手を挙げて作ったのか。話は「11歳の君へ」を制作していた頃に遡る。

名古屋で開催される恒例のLGBTイベントでは、「11歳の君へ」が生まれるきっかけとなった國吉くんがボランティアで通訳していた。

だが、ボランティアだと通訳技術の保障もできず、彼が病気や転勤になった場合、どうするのか。自身も当事者である通訳者の好意に甘えっぱなしではなく、市内の手話通訳派遣制度を使うように変えていかなくては。もちろんLGBTの知識や正しい手話表現を身につけた通訳者でなければいけない。國吉くんと相談し、LGBTに関する内容も医療と同じ扱いで通訳の指名ができるように認めてほしいと通訳派遣センターにお願いした。イベントの主催者にも手話通訳派遣制度というものがあり、今後は制度を利用してほしいと話した。そして、主催者から通訳の申請をしてもらった。

これらは國吉くんと私の2人で話し合って決めたため、ろうLGBTの人たちは知らない。主催者が今回は当事者通訳ではなく、外部から指名した手話通訳者が来ると公表すると、ＬＧＢＴに理解のある通訳者といっても当事者ではないし、誰なのかも分からない、不安だと参加を取りやめるろう・難聴ＬＧＢＴがいた。

後日、國吉くんからそれを聞いた私は深く反省した。ろうＬＧＢＴの意見も聞くべきところを本人抜きで彼と２人で進めてしまったことを。そのイベントではＨＩＶ感染の検査が行われていた。

ＨＩＶ検査は、いつでもどこでも受けられるが、当事者による手話通訳者と参加できる機会はほとんどない。その貴重な機会を自分の不手際で奪ってしまったのだ。取り返しのつかないことをしてしまった。

國吉くんからはＨＩＶに感染するろう者も多いと聞いていた。ＨＩＶって何？　エイズは薬害エイズで話題になった川田龍平さんをうっすらと覚えているくらいの知識だったため、インターネットで調べた。

啓発動画があったが、手話はもちろん字幕もないため内容がつかめない。いつも文字起こしを手伝ってくれるのむさんに打ち出してもらい、内容を把握した。イラストや文章の説明もあるが、専門用語が多く難しい。読み書きが苦手なろう者にとって分かりづらい。

居ても立ってもいられなくなった私は、ＨＩＶ／エイズ予防や当事者、家族を支援している団体、ぷれいす東京を訪れた。

ぷれいす東京の代表・生島さんによると、ろう者の感染者に多く出会うという。生島さんたちが、手話の写真でＨＩＶや予防方法を説明するパンフレットを作ったことがあるが、もともとゲイ向けで一般向けには作られていない。ＨＩＶは正しい知識を身につけ、予防しなければ、誰もが感染する病気である。

一般向けに手話と字幕の啓発動画を作るのはどうかと生島さんに提案すると「ぜひ作ってほしい。私たちも協力します」と言ってくれた。動画制作なら私の分野ではないか。「作ります！」と即答した。

名古屋に戻った私は、國吉くんや「11歳の君へ」の出演者にも声をかけ、ＨＩＶ／エイズ予防啓発動画制作チームを結成した。

ＨＩＶ感染したろう者から話を聞こうとつてをたどったが、ＨＩＶ感染はセクシュアリティー以上に誰にも言えないことであり、協力者は１人だけだった。本人や友達にＨＩＶ感染したろう者がいる人たちに話を聞くと左記の課題を知った。
① ＨＩＶ／エイズの予防啓発イベントや団体にアクセスしづらい。
② コミュニケーションの壁があるため、一般の相談窓口や電話相談、ＨＩＶ陽性のグ

ループなどへの参加が難しい（自分が感染しているかどうかは誰にも知られたくなく、手話通訳を依頼することさえはばかられる）。

③ろうコミュニティは狭いため、相談しづらい。

まずは啓発動画の完成を急がなくては。生島さんや専門医師の話によると早い時期に分かれば、現在は投薬治療により通常の日常生活が送れるという。

世界エイズデーに向けて動画を作ることを公表し、クラウドファンディングや寄付で制作費を募った。

クラウドファンディングは3回目で、再三呼びかけると「またかよ」とうんざりされそうだが、プロジェクトの内容を読んでもらうだけでもＨＩＶ／エイズの予防啓発につながると考え、実行した。

ぷれいす東京をはじめ、名古屋医療センターの今橋真弓医師、難聴の吉田翔医師、手話監修兼ろう通訳の小野広祐さん、打ち合わせから撮影場所を提供してくださった大橋さん、「Start Line」以来からお世話になっている相澤さん、制作チームメンバーなど、多くの人たちのお蔭で無事に動画を完成させることができた。

現在は、ユーチューブと「11歳の君へ」のＨＰにアップして誰もが自由に観られるようになっている。視聴はもちろん、ダウンロード可能にし、啓発や教育に活用できるようにしている。

公開すると様々な立場から感想が寄せられた。「エイズは何となく知っていたけれど、文章だけでは意味がつかめなかった。手話のお蔭でよく分かった」というろう者や「手話の教材は少ないので、とても役立ちます。手話だけでなくイラストや字幕もついていて分かりやすい」という、ろう学校教諭もいた。

視聴者が活用方法を思いついてくれる場合もある。

「一般の学校に通う、ろう・難聴の生徒にとっても手話や字幕があるので分かりやすい。聞こえる生徒と一緒に学ぶことができます。最高の教材です！」と保健体育の先生が褒めてくれた。

地元の学校に通っていた私は授業でビデオを視聴することがあったが、字幕がついていないため理解できなかった。

だが、この動画は字幕や手話、音声もついているので地元の学校で学ぶ難聴の生徒のためにもなるんだ！と先生の感想で気づいた。難聴の生徒が手話を知らなくても字幕で内容を把握できる。

手話と字幕による啓発動画がなかった状態（マイナス）から、やっと0（ゼロ）のところまで漕ぎ着けた。

啓発動画は完成して「終わり」ではない。皆に見てもらって初めて価値が生まれるので、この動画を保健師さんや先生方、我が子への性教育に悩む保護者方にも活用していただけたらと思っている。

＊ＨＩＶ／エイズ予防啓発動画は「11歳の君へ」のＨＰでご覧になれます。

押したり並んで歩いたりしながら考えたこと

２０１９年2月、南伊豆から帰ってきた。１泊2日で佐藤さんと旅行したのだ。佐藤さんと親しくなったのは去年の秋、宮城で開催されたにしぴりかの映画祭である。「11歳の君へ」の上映でトークの聞き役を務めてくれたのだ。チョーカーが似合う「大人女子」の佐藤さんはＡＬＳ患者（ＡＬＳは徐々に筋肉が弱くなっていく病気で難病の１つとして指定され、患者は10万人に１人と言われている）でもある。

トークの打ち合わせで佐藤さんが「いい感情だけでなく、いやな感情もある。でも、どんな感情でも自分の中から出てきたもの。手にとって見つめて『そう思ってもいいんだ』と認める」と話していたのが印象に残っている。

いい子ちゃんでいたい私は、いやな感情が出てきたらこんなの自分じゃない！とフタをしてしまう。見ぬふりをしてしまう。

でも、感情は消えてなくならない。知らない間に澱のようにたまっていき、何が嫌なのか、なぜ苦しいのかが分からなくなっていく。

それで何度も苦しみ自爆してきたので、どんな感情でも「いいんだよ」と認める考え方に救われた。佐藤さんにもっと早くお会いしたかった。

東京で講演があった日の晩、佐藤さんと呑んだ。防災ボランティアの活動もしている彼女は、毎年3月に震災映画の上映会を開いている。今年は「架け橋　きこえなかった3．11」の上映をしたいという。もちろん！と快諾し、佐藤さんに上映後のトークの聞き役をお願いした。「ぜひ」と笑顔で受けてくれた。また佐藤さんに会える、話せると思うとお酒が進んだ。

仕事で上京した翌日、佐藤さんに上映会場を案内してもらった。佐藤さんは普段は手押しの車椅子で移動している。

車椅子を押した方がいいのかな。でも、後ろに立つと佐藤さんの口が見えなくなり、言っていることが分からなくなってしまう。どこへ行きたいのかの指示も聞こえない。

「押しましょうか」と尋ねればいいだけの話なのだが、不慣れな私は「車椅子を押すとコミュニケーションができなくなる」ことで頭がいっぱいになり、オロオロするだけだった。

ランチバイキングをしている食堂に入った。そこでも悩んでしまった。

佐藤さんは杖で歩くこともできる。しかし、杖をつき、もう片方の手でお皿を持つと両手がふさがってしまい、よそうことができない。

私が代わりにとってきた方がいいのだろうか。でも、自分の欲しいものを欲しい量でとりたいよね。私もそうだし。これも聞けば解決するのだが、あれこれ考えてしまった。結局どうしたのかというと、うだうだ考えながらも自分の分はよそい終えて食べるだけの身となったので、佐藤さんのお皿を持って彼女と一緒に料理が並んでいる台を回った。

「架け橋」は人とつながることで誰もが架け橋になれるという気持ちを込めて作った。しかし、上映する側の私が佐藤さんをよく知らない。佐藤さんも私を知らない。

映画は「人とつながる」がテーマだから、これをきっかけに私も佐藤さんときちんと向き合いたい。そうしないと伝えたい内容や一緒に考えたい気持ちが観客の前を素通りしてしまうような気がした。

きれいな言葉であればあるほどそのまま通り過ぎてしまう。私も「他人を尊重しよう」という類のメッセージはあまりにも正しいことだから、おっしゃる通りですと流してしまう。他人を尊重しているかと自ら問うこともせずに。

そう考えた私は佐藤さんにメールした。「二人で旅行しませんか」と。

まだ3回しか会っていない関係で旅行するというのは思い切った提案かもしれないけれど、私にとっては自然な流れだった。

佐藤さんは面白いと思ったことは実行に移すタイプなので「いいですね！」と提案にの

り、旅が実現した。

場所はお互いの住処の中間となる静岡・南伊豆に決定。

私は車椅子ユーザーとお出かけするのは初めてだ。伊豆急下田駅の改札口を出た時に「どうしたらいいかな」と聞くと「登り坂は大変で下り坂は怖い」と言う。登り坂、下り坂の時は後ろに回り、車椅子を押せばいいんだ。よし。

しかし、歩き始めると平坦な道でも正方形や長方形の石が敷き詰められた道はでこぼこしている。佐藤さんの隣を歩いていると一生懸命に、忙しそうに両手で車輪を回している。

大変そう……。車椅子を押したい！という気持ちに駆られた。

佐藤さんは手の力が弱ってきているため、マイクを持ったり、おしぼりのビニールを破ったりするのが大変と話していた。そんな状態で車椅子を押すのである。

じっとしていられなくなり、凹凸のある道は坂道でなくても後ろに回って押した。

私はずっと押している方が精神的に楽だ。少しかがむ姿勢になるので腰が疲れるけれど、大変そうな姿を見なくてもいいからだ。

車椅子を押すと会話ができず、無言でひたすら押すことになる。私が楽しめていないのではと佐藤さんの気をもませてしまったり、世話をさせてしまって申し訳ないという気持ちにさせたりしてしまう。

あかんあかん。やり過ぎはよくない。大変かなと思う道は後ろに回って押したり、大丈夫かなという道は佐藤さんと並んで歩いたりしていた。

もしかしたら、佐藤さんは気心知れた人なら助けを頼みやすいし、甘えやすいから普段は押してもらっているのかもしれない。遠慮して自分で頑張って車輪を回し、疲れてしまったりしていないかな。

しかし、気配りをする彼女の性格を考えると聞けない。言えない。

道端で咲き始めている梅、桜、はち切れんばかりの蕾に目をやりながらとりとめもなく出てくる様々な感情に対して思考を繰り広げていた。

観光を終え、下田駅に向かっていると佐藤さんが「車椅子に乗ってみる？」と聞く。あれこれ考えて車椅子に乗ってみたくなっていた私は「乗りたい！」と喜び勇んで座らせてもらった。

想像していたよりも車輪が軽く、ちょっとした力で前に進む。舗装された道路は車輪が回り過ぎて手が追い付かない。石畳の道はまっすぐのつもりで回しても斜めへ行ってしまう。片手で調整するとふらついて止まった。難しい！　初めて経験するスポーツのようである。

横断歩道と歩道の間の段差は自力で上ることができなかった。たった3センチでも。50メートルほど回しただけで両腕が筋肉痛になりそうだった。

車椅子を体験すると大変な思いをさせたくない！という思いが強くなり「押させて！」と言いたくなった。

しかし、車椅子初心者である私の「大変」と、ベテランの佐藤さんの「大変」は当然違う。もしかしたら大変そうに見えても彼女にとっては、人にやってもらうほどではないかもしれない。

佐藤さんは旅行中、私に自分に気を使わずに楽しんでほしいという気持ちが言葉の合間から伝わってきた。だから、長々と続く階段や入り組んだ道で車椅子では上がれないところでものぞいてみたいところは「ちょっと行ってくるね」「ちょっと見てくるね」と行かせてもらった。

その間、彼女はスマホを見ながら待っていた。その姿を見ると寂しい思いをさせているのかなと胸が締め付けられた。

「楽しかったね」と別れたけれど、佐藤さんは本当に楽しめたかなあ。やらなくてもいいところまでやったり、ほうっておき過ぎたりしてしまっていないかなあと気になって仕方がない。

翌朝、父に話したら「そういう時は聞けばいいんだよ」と言われた。「押しましょうか」って。『結構です』と言われたらしなくてもいい。電車で高齢者に席を譲る時、見た目は高齢でも元気な人もいるし」と。

それは分かる。サポートが必要か聞いて「大丈夫です」と言われても、本当はやってもらった方が楽だけど遠慮してそう言ってくれたのか、それとも本当に「結構」なのかは分からない。うーん。

私は、一生懸命車輪を回している佐藤さんの隣をのんびり歩いている自分が何だか落ち着かず、その不安定な気持ちを解消したくて押していただけなのだろうか。自分のエゴなのだろうか。

まだ数回しか会ってない仲というのは、障害の有無にかかわらず、お互いに気を使ったり使われたりする。だったら、私は素直に佐藤さんに気を使われたままでよかったのかなあ。「大変そうだから押す」というのは彼女の私への気遣いを奪ってしまう行為だったのかもしれない。うーん。私の考え過ぎかな。


この原稿を打っている今も答えのないことをぐるぐる考えている。

ただ、1つ明確なことがある。佐藤さんと一緒に歩いた下田駅周辺の道路の色、石畳の凹凸、段差のある歩道の狭さは今後も私の記憶のひだにしっかり刻まれるだろう。下田港の早咲きの桜と雲一つない青空と一緒に。

共に生きる難しさ

父は２０１９年の今年、古希を迎える。母亡き後、しばらくは私がご飯を作っていた。父も料理の楽しさに目覚めたのか、包丁を握るようになった。

父が初めて挑戦した料理は天ぷら。いきなりレベルの高いものに挑戦して大丈夫なのだろうかと心配になった。私は煮物は作れるようになったが、揚げ物は油が飛ぶのが怖いので遠ざけていた。

目玉焼きから始めた方がいいのではと思ったけれど、昔、肉屋でコロッケを揚げていた祖母直伝の揚げ技で食卓に天ぷらの山ができた。

父は研究熱心な性格も相まって短期間で「天ぷらは〝適当に〟揚げるんだよ」と言えるほど腕を上げた。

〝適当〟という言葉ほど料理初心者にとって難敵なものはない。経験がないから適当と言われても困るのだ。料理を始めたばかりの頃、私もその言葉に困惑した1人である。そして、ベテランの主婦に調理法を聞くと必ずと言っていいほど登場する言葉である。

だから、初心者である父の「適当」は微笑ましかった。幼稚園で習った踊りを得意そうに披露している我が子のようである。よしよしと父の成長を喜んだ。

こうして父はめきめきと頭角を現し、天ぷら、から揚げ、春巻きと揚げ物の範囲を広げていった。我が家の炊事場は揚げ専の父、煮専の私が2人で切り盛りするようになった。揚げ物が好きな私は有り難く涙が出るほど嬉しいのだが、父に対して不満が1つある。それはソースだ。

和食が中心の我が家は、しょう油、味醂よりも使用頻度が低いソースは、1種類で十分と思うのだが、父は「味が違うんだよ」と献立に合わせて4種類もそろえたのだ。オタフクのお好みソース、焼きそばソース、KAGOMEのウスターソース、こいくちと、美人コンテストの受賞者のごとく棚に並んでいる。去年は中濃ソースもそこに加えられていた。

賞味期限が切れる前に使い切ろうと思っても家には父、祖母、私の3人だけ。墨（愛猫）がいるが、人間じゃないので除外。これではなかなか使う機会が訪れない。お好み焼きを作るのは月に1、2回。最近は、焼そばを作らないので焼きそばソースは使命を果たさないまま寿命を迎えてしまいそうだ。

調味料棚を開けるたび、焦燥にかられていた私は物置に未開封のウスターソースを見つけた。仰天し、父に「ウスターソース、あるよ」と伝えると「え？　あったのか。気づかなかった」と事もなげに言う。ウスターソースは父も祖母もあまり好んで使わないソースだけに腹が立った。私1人で賞味期限前までに2本も使い切る自信はない。しかし、事を荒立てたくない平和主義の私はそんなことおくびにも出さなかった。

少しずつ使おうとウスターソースも食卓に出すと、父が祖母に「これは薄いからこいくちがいいよ」とこいくちを勧める。そのたび、違うよと心でぼやく。「ウスター」は薄いという意味じゃなくてイギリスのウスターシャー州のウスターの主婦が作ったことから来ているのだ。

お父さん、94歳になる祖母も、どのソースをどれに使うのか分からなくなってきているから1本にしようよ。賞味期限が切れて余らせてしまったらもったいないし、ソースが調味料棚を占領しているから、酢やごま油を取りにくいんだよ。

じゃあ、ソースを引っ込ませればいいじゃないかと思うけれど、そうすると切れたと思って新しいのを買ってくるから、わざわざ目立つところに置いているんだがや。

このように炊事場の主が2人いると意見が食い違う場面が生じる。私は1つの道具を使い回して、台所の引き出しはすっきりさせたい派。父はそれぞれの目的にあった道具をそろえたい派。

出張先から帰ってきて何か作ろうと引き出しを開けると新入りの調理道具が「初めまして」と鎮座していたこともあった。「はあ」と思わずため息が漏れた。このように「共に生きる難しさ」はいつも台所で痛感する。

しかし、ガマンしているのは父も同じだと思うので、不満はあまり口にしていない。お互いに目をつぶり、譲歩しているから今村家の平和が保たれているのだ。

18時過ぎ。我が家は夕食の時間である。祖母が3人分のお茶を淹れた。食卓は天ぷら、ひじきの煮物、みそ汁、サラダとご飯が並ぶ。これが共に生きることの醍醐味だ。

私が料理を始めたばかりの頃は一品を作るのが精いっぱいで痩せてしまい、いつもお腹を空かせていたのだが(父も祖母もだと思う)、父とご飯を作るようになると体重が戻った。

食後、お皿洗いをするため父、私、祖母が台所に立った。人の居るところが好きな墨もすり寄ってきた。

「好きな食べ物は何ですか」

２０１９年の今年もまあちゃんの勤める小学校で４年生の子どもたちと交流した。去年に続き2回目である。

「子どもの瞳はキラキラしている」とよく形容されるが、全くその通りだなあと教室に入った時に思った。好奇心と期待がビンビン伝わってくるまなざし。

まあちゃんから今年の４年生は、去年より大人しいと聞いていたが、全くの杞憂だった。聞きたいことはありますかと問うと「はい、はいっ」と四方八方で手が挙がる。

「手話はどのくらいで覚えましたか」

「どうして耳が不自由になったの？」

「便利な道具は何ですか」

その中で嬉しかった質問があった。

「好きな食べ物は何ですか」

その質問をした男の子は私を「聞こえない人」「手話を使う人」としてではなく、好きな食べ物が気になったのだ。

こういう感覚、大人になっても持っていてほしいな。

ちょっと気になったのが、先生の説明だった。

「今から今村さんにお話をしてもらいます。どんなことで苦労されているのかを聞きましょう」

うーん。私、苦労人ではないんだけどね。初めて会う人に苦労話はしないよ。それにずーっと困っている訳でもないしなあ。

自分としては、ろう学校で聞こえる人を招き、紹介直後に「さあ、聞こえることで苦労していることを聞きましょう」と言うのと同じような感覚に思えた。

でも、先生の気持ちも分からない訳でもない。私もろう・難聴ＬＧＢＴや東日本大震災の被災した人たちには困っていること、取材が目的というのもあり大変なことを伺った。でも、彼らはろう・難聴ＬＧＢＴや被災者の前に１人の人間である。

「○○のお話を聞きましょう」「○○を学びましょう」と目標を掲げると調子が狂ってしまい、変に構えてしまう。

校長室で４年生の担任に挨拶した時、先生の顔が緊張でこわばっていた。先生の心が固くなっているのが手に取るように分かった。

私がどういう人間なのかも知らないまま、「ろう者」という今まで接した経験がない人種と出会う緊張感。だんだん先生が気の毒になってきた。

何と言ったら先生の緊張の糸を緩められるだろうかと考えながらペタペタとスリッパで階段を上がっていたら、教室に着いてしまった。

もし、私が先生だったらどんな授業をするかな。

「学びましょう」ではなく、「一緒に遊びましょう」がいいな。例えば、ゲーム大会を企画して聞こえない子どもたちを招待する。

子どもたちがろう・難聴の友達にゲームのルールを説明する際、普段自分がやっている方法（口で話す）では通じないと分かる。

じゃあどうしたら伝わるのだろうかと考える。ゆっくり話せば伝わるかなと、ゆっくり話してみる。でも、伝わらなかった。誰かが「紙に書けばいいんだよ、書いてみー」と言う。そうかと紙を引っ張り出して書いて見せる。

友達が大きくうなずく。おお！　伝わった！　そうか、書けば伝わるんだ！

このように自分で考えて実行して失敗して気づく。これが本当の理解だと思う。

ろう学校でもぜひ取り上げてほしい。聞こえる友達と遊ぶにはどうしたらいいのか。目の見えない友達だったらどんな遊びを考える？

考えたことを実行に移して「楽しかった」「うまくできなかった」という経験ができる

授業をしたい。

「楽しかった」という感想は聞こえる人、聞こえない人、見えない人としてではなく、○○さん、◇◇くんと通じ合えたからこそ出てきたもの。

「できなかった、悔しい」も大切な気持ちだと思う。次につながるからだ。


給食にはまあちゃんが作った味噌うどんが出た。焼き芋と共に懐かしいアルミのトレイに載って。牛乳瓶も私の小学時代と変わらない。

給食も入れた交流会も楽しい時間になるのではないだろうか。「牛乳瓶のキャップが違う」とか「このトレイは同じ」とか。好きな食べ物、嫌いな食べ物、友達の変わった食べ方など話題がたくさんある。

今回だったら「うどんと芋って炭水化物同士だよねえ」とツッコむ子どももいるだろうなあ。

「筆談です」

3年ほど前から左手の指のイボ治療であちこちの病院を漂流している。最初に行ったM総合病院はいつも人でごった返しており、受付で「耳、聞こえません」と伝えても忘れられる。私の番はまだかまだかと常に神経を張り巡らせていた。担当者が複数いるため、私のファイルの上には「ろうあです」と書かれていた。

ろうあの「あ」は「唖」と書き、言葉が発せないという意味がある。しかし、私は声でも手話でも筆談でも言葉を発せる。身ぶりや絵など、様々なコミュニケーション手段を駆使して話せる。いろんな方法で「話す」ことができるのにと、音声言語以外には考えられない社会に嫌気がさす。

治し甲斐のない地味なイボだからなのか、医師はやる気がなさそうに液体窒素スプレーを患部に吹き付ける。1時間以上待ったのに3分で終わってしまう。

半年ほど通っても効果が出ず、待ち時間の長さにうんざりした頃、診察室を減らすため他の病院への通院を勧められた。

リストラにあったような心境で近所のO皮膚科へ。中年の看護師さんはゆっくり話してくれるが、医師がボソボソとカルテに向かって話すので話が分からない。困ったなあと思っていると一言もなくマイナス１９６℃の液体窒素をたっぷり浸した綿棒を患部にぎゅうと押し付けた。心の準備がまだだった私は、悲鳴を漏らしそうになった。

痛すぎて無理……と経理の美香さんに泣きつくと市街にある皮膚科を紹介してくれた。ライオンヘアスタイルと形容したくなる風貌の医師は対応も治療も丁寧だったが、家から遠い。電車の乗り換えが３回もある。予約制ではないため、かなり待つ。「遠い」と「待つ」は足が遠のく条件である。

茶飲み友達の奈穂さんに教えてもらった近所の予約制のＡ皮膚科へ。

近くて待たない病院の存在に感動し、しばらくここへ通っていたが、液体窒素治療による痛みに耐えられなかった。やる気のある医師のせいか、深い根まで到達するようにと何回も押し付ける。気持ちは嬉しいのだが、何より痛い。その晩はじんじんと痛くて眠れず、３日ほど痛みが引かなかった。

「前回は痛みで眠れなかったので、今日は回数を減らしてください」

「分かりました。でも大きいからしっかりやらないと治らないよ。治療期間が長くなるだけだよ」

「分かりました。ガマンします。しっかりお願いします」

５回を超えると息も絶え絶えになる。その横でカチカチとカウンターを押す看護師さん。

長い十数秒。月日の流れは早いと嘆くこともあるが、この時ばかりは早く時間よ去れと本気で願う。根性焼きでガマン強さを計られているようだ。

ＨＰで「イボ　治療」と検索すると液体窒素治療に音を上げた方々の声が。そうそう。めちゃくちゃ痛いんだよね！　見ず知らずの人たちに激しく共感する。

ろう者であるだけで言葉や文化の壁を超え、海外のろう者とも仲良くなるというが、マイナス１９６℃の液体窒素治療を受けた人なら私は聞こえる聞こえないに関係なく、世界中の誰とでも仲良くなれる自信がある。

「痛いよね！」「painful！」「아파！」「Blessé！」「เจ็บปวด！」「doloroso！」「مؤلم！」

言葉が分からなくても表情だけで十分その人の味わった痛みは伝わる。

ついに音を上げた私は、レーザー治療を行っている病院を調べた。そこで見つけたのが西堀形成外科である。しみやそばかすを消すという美容のレーザー治療もしている。評判がいいのか、顔のしみが気になる女性が多いのか、予約が取れるのは早くても１か月後。

その日がやって来た。ＪＲと地下鉄を乗り継ぐこと55分、徒歩10分。今まで通院した病院で一番遠い。

受付で聞こえないことを伝え、筆談で対応してもらう。

待合室は清潔で明るい。子どもが親しみやすいよう、シロクマやキリンなど動物の切り絵がそれぞれの診察室のドアに貼られている。

電子掲示板に自分の番号が表示され、診察室へ。レーザーは輪ゴムでパチッとはじかれる痛みを感じるくらいで、液体窒素治療とは大違いだ。

塗り薬をもらうため、処方箋をもらう。「1階の薬局に行きますか」と聞かれ、うなずくと「筆談です。よろしくお願いします」と書かれた付箋のついたファイルを渡された。静かに感動した。これまでは「耳が不自由な方です」「聴覚障害の方です」と表記されるのがほとんどで、このような書き方は初めてだったからだ。

確かに注目すべきところは、コミュニケーション手段の違いであって耳ではない。「耳が不自由な方です」「聴覚障害の方です」と書かれたものを目にするたび、「不自由って決めつけんな」「障害って社会が作り出したものやで」と悪態をつきたくなりながらも、じゃあどのような言葉がいいのかというのは自分でも分からなかった。

「筆談です」

これ、とてもいい！　そうそうその通り！と受付スタッフの肩にポンと手を置きたくなる。

西堀形成外科。遠いけど、月1回の治療なら通院できる。病院漂流もこれで句点を打てそうだ。

大きく高く

いきなりだが、私は名古屋市緑区大高町生まれである。大高町は緑区の外れにあり、丘陵地帯が多く、緑が豊かな町である。普段利用しているJR大高駅は、名古屋市内では熱田駅とともに最も長い歴史を持つ。桶狭間の戦場など歴史ゆかりの地でもあるのだが、悲しいかな、市内在住の人からも「大高町？　それってどこ?」とよく聞かれる。

そしてもっと悲しいのは、イオンモール大高を目指して大高駅で下車した人のために「イオンモール大高は南大高駅です」という看板が改札口前に立っていること。乗客には、「ちっ、紛らわしい」とホームに戻るのではなく、お目当ての地に着いた！と胸を弾ませて降りて欲しいものだ。

大高駅駐輪場を管理しているおばちゃんは、私を見ると「行ってらっしゃーい」と手を振ってくれたり「今時間ある？　ちょっと待ってね」とお菓子やアイスをくれたりする。その時は童心に返り「行ってきま～す」「ありがと～!」と喜ぶ。

名古屋市内には5つの蔵元があり、その3つが大高町にある。江戸時代から酒造りが盛んな町で、国内外でも人気が高い「醸し人九平次」を造っている萬乗醸造も大高にある。

ちなみに醸し人九平次は、パリの３つ星レストランでも提供されている銘酒だ。

大高で生まれ、ミルクの代わりに酒で育った（うそ）私は、お酒をたくさん飲んでも顔色が変わらない。酩酊して吐いた経験もない。一見お酒が弱そうに見えるのだが、30代の頃は友達から「酒豪」「バッカス（ローマ神話に出てくる酒神）」と言われていた。

映画「Start Line」にお酒を飲む場面が多いと、観客から指摘されるまで気づかなかった。そこでもにじみ出てしまうのだろう。くわばらくわばら……。

話を歴史に戻して。

大高には歴史にまつわる場所が多いと、かつてまちづくりの事業に関わっていた父から聞いていてもあまり興味を示さなかった。歴史に関心を持つようになったのは、去年の夏に終戦のドキュメンタリー番組を観てからである。そこから日本国憲法や日本史へと興味が湧き、図書館で憲法の本や日本史のマンガを借りては読むようになった。今は世界史のマンガを現代からさかのぼって読み進めているところだ。

先日、父と大高地域観光推進協議会主催の講演会に参加した。

手話通訳を手配し、自宅から10分もかからない八幡社参拝所に向かう。ここで、歴史好きで知られているオーストラリア出身のラジオＤＪ・タレントのクリス・グレン氏を迎えての講演会が開かれるのだ。背の高い外国人から流暢な日本語で熱く大高の魅力を語られ、妙な気持ちになりながらも嬉しくなってきた。

大高ICの近くにある氷上姉子神社には、三種の神器の1つである草薙神剣《くさなぎのみつるぎ》が祀られていた（現在は熱田神宮で祀られている）。古事記に登場するヤマトタケル（日本武尊）が宮簀媛《みやずひめ》を見初め、新婚生活を送った地でもある。

恋のパワースポットとして宣伝したらどうかという意見もあった。いやいやいや、そんな安っぽく売り出してほしくない。もっといい案はないのかと新参者でありながらも生意気に思った。

JR大高駅から南西へ10分ほど歩くと大高城址がある。織田信長が今川義元と戦い、勝利を収めた桶狭間の戦いはよく知られている。大高城ではその前哨戦があり、今川義元の下で動いていた松平元康（徳川家康）が兵糧入れを行い、城を守っていた。

桶狭間での決戦で、家康は大高城を守るよう今川に指示されたため、命が助かった。もし、桶狭間に参戦していたら死んでいたかもしれないという。

つまり大高城は家康の命を守った城でもあると聞いて、なるほどなあ！と膝を打った。

このように物語が分かると面白く、ますます好奇心を掻き立てられる。

話を聞いていると見所満載の大高は、愛知でトヨタの次に有名であってもおかしくないと思うようになった。

クリス氏は大高のＰＲを毛利元就の３本の矢に例えて、１つだけでは弱い。「酒蔵」「大高城址」「氷上姉子神社」の３つを出すといいと言う。

大高城址は、木々で覆われていて地元の人もどこにあるのか知らない。かくいう私も先月、父に案内してもらったばかりだ。遠くからでも見て分かるように城址に幟を立てる案も出ている（ちなみに発案者は父）。

何よりもびっくりしたのは大高城復元の話である。クリス氏は「復元にはお金と時間がかかる」と言いつつ、地元の人たちが30年かけて準備していき、今や人気観光地となった飛騨高山を取り上げ、「夢は大きければ大きいほど達成した時の喜びは大きい。あとは皆さんの気持ち次第だ」と煽る。

私は夢の話に弱い。夢がでかければでっかいほど。

億単位の事業には的外れな意見かもしれないが、クラウドファンディングで町内外の人を巻き込んだらどうだろう。リターンは、醸し人九平次にしたら国内外から注目されるんじゃないだろうか。

「醸し人九平次」「鷹の夢」「神の井」の飲み比べセットを作れば、酒蔵のアピールにもなる。

父と参加した酒開きでは、市内外から４０００人以上の参加があり、長蛇の列ができていた。しかし、酒蔵周辺には飲食店もなく屋台も市場も出していないから、お客さんはスマホをいじりながら待っていた。もったいない。

青空市場やフリーマーケットを出したらどうか。くつろげる古民家喫茶店や隠れ家的なレストランもあれば、年1度の酒開きだけでなく地元の人や歴史スポットを訪れた人々にも喜ばれるだろう。当然そこでは蔵元のお酒に合わせた料理を出す。食後の珈琲には酒粕の手作りクッキーがつく。鷹の夢クッキー、神の井クッキー。なかなか洒落ているではないか。またこれもクラウドファンディングのリターンに使えるではないか。

さらに「食べる美容」として売り出せば、若い女性も呼び込める。女性を味方につければ、デートで男性もつられてくる。

最近はおひとりさまも増えている。1人でも入りやすい居酒屋もあるといい。居酒屋は酒蔵の町、大高に欠かせない（もちろん大高に居酒屋はあり、JR大高駅前の居酒屋とりこでは醸し人九平次が飲める。ちなみにそこの山本店長さんには「11歳の君へ」の再現ドラマに出演してもらった。また、大高城址の手前にある居酒屋 京《かなどめ》の女将さんにも出てもらった）。

他にも織田信長が築いた丸根砦、鷲津砦が大高駅近くにある。

大高が訪れたい町として全国で名が知られるようになるのもアイデアと実行力次第じゃないだろうか。

大高生まれの酒好きだけに夢は「大」きく、「高」く無限に広がる。

「同じ」と「違い」

ここ最近、孤独を感じる。原稿書きに専念しているからだろうか。今日は金曜日で祖母もデイサービスに行っており、家には私１人だからだろうか。厳密に言えば、墨（愛猫）がいるのだが……。

先月、有矢さんと呑んだ。彼はＬＧＢＴ研修を行っているＮＰＯ法人ＡＳＴＡで活動しており、「11歳の君へ」の制作でお世話になった。２年ぶりの再会である。『Start Line』を観て以来、ずっと監督と呑みたかったんですよー」という彼。初見から有矢さんとは波長が合いそう。話してみたい！と思っていたので、嬉々と予定を立てた。

有矢さんはトランスジェンダーである。制服が話題に上った。

今月（２０１９年３月）、豊橋市が市立中学で生徒が性別にかかわらず、制服を自由に選択できる方針を発表した。

有矢さんは「選択といっても男子の服、女子の服から選ぶのではなくて、パーツとして選べるようになるのが一番いい」という。

トランスジェンダーといっても十人十色で、スカートは嫌だけど上は女子の制服がいいとか、上の服は嫌だけど下はスカートでいいという生徒もいるという。

はあーなるほどなあー。「11歳の君へ」の制作後も新たに知ることが多い。昔は小学生のランドセルは黒と赤の2色だった。それが今はピンクや茶色、水色とカラフルになった。

このように制服も「2つから選べ」ではなく上下も選べるようにすれば、LGBTの生徒に限らず、生徒全員が自分に合った制服を着られるのではないだろうか。「冬にスカートは寒い」という生徒もズボンを選択できる。

「11歳の君へ」でも触れたが、LGBTの自己紹介で感じたことを有矢さんに話した。有矢さんも外見では分からないためセクシュアリティーを伝える重要性も分かるし、仲間を見つけるためには必要だけど、何かモヤモヤするものを抱えていたという。「自分がトランスジェンダーだから仲良くするのか」と。

確かに。ろうコミュニティーの自己紹介でも、ろう者か聴者かを伝える。難聴、中途失聴であればそのことを伝える。

ろうの世界でもそういう自己紹介があることに有矢さんは、驚きながらもうなずいていた。

「〇〇である前に1人の人間として見てほしい」と話した。

ろうＬＧＢＴが聞こえるＬＧＢＴの人たちに手話を教える講習会最後の日に、ゲスト講師として招かれることになった。「11歳の君へ」の制作について話すのだ。

ろうＬＧＢＴを当たったけれど都合が悪く、講師を受けてくれる人がいなかったという説明を受けていながらも、私は自分でいいのかと慄いていた。ろう者の前でろうの世界に入ったばかりの手話初心者が「ろう」をテーマに話すようなものだからだ。浅はかな言い訳と分かっている。でも、不安を感じると、言い訳を作り出したくなるのだ。

講演の日が近づくにつれ緊張が高まり、有矢さんにメールした。

「ろう者にも言えることなのですが、『私もあなたも同じ人間』と思うと、同じじゃない。一緒にしないでと思う人もいるし、違う立場として捉えると同じように考えてほしいと思う人もいるので、難しいなあと。少人数なら言葉を交わしながら確認し、話を進められるけれど、講演だと余計に」

すると、返事が来た。

そうですねー「同じ」だけど「違う」。

10人いたら10通りの考えがありますもんね。

でも「同じ」だから良い、「違う」だからダメではないと思うんです(^^)

良いとか悪いとかじゃないですもんね。
先日、僕がモヤモヤしていた自己紹介のことを、監督は解決してくれました。
「LGBTとかろう者とかではなく、その人を知ってほしいと思うから」
本当にその通りだ！ これだ！って思ったんです。
『その人』の中に「同じ」と「違い」があって、それは人によって様々で。
その「同じと違い」を知っていくことで『その人』がわかっていくんですよね。
みんなそれぞれの「同じと違い」があると思います(^_^)
僕の中の「同じ」は安心感で、「違い」は刺激ですね。笑
違うからこそもっと知りたいなって思うし、とても興味が湧きます！

「同じ」は安心感で、「違い」は刺激、なるほど！ うまいこと言う。

確かに「違う」から興味が湧くことがある。

そして、その中で見つけた「同じ」に親しみを感じ、「違い」に新しい視点をもらう。

その「同じと違い」を知っていくことで『その人』が分かっていく――。日記に書きとめたい言葉だ。

講演では、「私」対「お客さん」というふうに参加者をひとかたまりとして見ていた。

しかし、当然参加者も一人ひとり異なる。そして、彼らもお客である前に○○というひとりの人間として見てほしいと望んでいるはずだ。

講演では、一人ひとりに話しかけるような感じで自分の経験を共有しよう。

今度、有矢さんに会ったら、本を書いたらどうかと勧めてみよう。

＊「スタートラインに続く日々」２０１２〜２０１３は、月刊ボランティア情報誌「ボラみみ」、２０１３〜２０１５は、コミュニティー&ライフスタイルマガジン「Fratto」に掲載したエッセイを加筆修正しました。P. 222 〜 227 と２０１７〜２０１９は書き下ろしです。

おわりに　～「障害者」という言葉～

私は身体障害者手帳を持っています。手帳を開くと「身体障害者等級表による級別３級」とあります。障害者名のところには「感音性難聴により聴力レベル右98.75dB、左100dB以上」と記載されています（えー？　今まで障害者手帳をまじまじと見たことがないから、両耳とも99dBで１００は超えていないと思っていたよ……）。ちなみに聞こえる人は0dB。

話を戻して、「身体障害者等級表」にすごく違和感を覚えます。じゃあ、「健常者等級表」ってあるんかいな？（この話になるとあまのじゃくになる私）気持ちを抑えて「身体障害者」とラベルを張られていることにも違和感を覚えます。私は日本人なのに「メアリー」と呼ばれているような。「はあ？　あたし日本人だよ？　彩子という立派な名前があるんよ！」と言い返したくなるのと同じで、「聞こえないことのどこが障害なの？」と突っぱねたくなります。なぜなら、私は生まれた時から今日まで何も失っていないから（失恋したことは多々あるが……）。

今、両耳に補聴器をつけているけど原稿書きに専念したいので、スイッチをＯＦＦにしています。だったら、外せばいいじゃないかと言われそうだけど、外すと耳が寒くなるのです（今これを書いているのは1月29日。数十年に一度と言われるくらいの大寒波が日本を襲っている真っ最中。補聴器は保温の役割もしっかり果たしているのだ）。だから、無音の状態です。私が生まれた時と同じ状態。音が全くないことは私にとっては全然変とかではなくて自然な状態なのです。逆に補聴器をしていなくてもずーっと音が聞こえる状態を想像すると変な気持ちになるし、えぇー。無音にしたい時はどうしたらいいの？と途方に暮れてしまいそうです。もちろん、耳が聞こえるようになったら、ぜひ、聞きたい音はあります。ベタだけど、好きな人の声とか。コオロギの音色を聞いて、ああ、秋だなあというふうに自然の音で季節を感じるというのは体験してみたいという思いはあります。音楽は今よりももっと楽しめるだろうな。

補聴器をＯＮにするとザワザワ……と周囲の音が入ってきます。人の声らしき音もします。でも、補聴器から入ってくる音は不明瞭で私にとっては意味を持たない音なので、すぐＯＦＦにしました。

喫茶店や図書館など、１人で過ごす時はほとんどスイッチをＯＦＦにしています。でも、買い物や人と会う時、車の運転や自転車に乗る時はＯＮにしています。こういうふうに何回も補聴器のスイッチを入れたり切ったりしています。つまり、１日で何回も無音と有音の世界を行ったり来たりしているのです。

無音の世界にたたずんでいると集中力が高まるし、気持ちが落ち着くので好きです。それなのに、それなのにです。聞こえないことを障害とされ、「障害者」と区分けされて手帳を与えられてしまうのです。いやいや、私は障害者じゃないよ。こういう状態にいるだけのことなんだよ。私はこういう状態が自然で、普通なの。「障害者」を「メアリー」、「こういう状態にいる」を「日本人」と置き換えて読んでもらうと私の気持ちが少しは分かってもらえると思います。

生まれつき目が見えない人も知的に障害がある人もＬＧＢＴの人たちもみんなそういう状態で生まれてきただけであって、本人にとってはそれが普通であり、自然体なのだと私は感じています。

途中で聴力や視力を失った人たちの方が先天性の人たちと比べると精神的なダメージが大きく失った後の生活に慣れていく、失った状態を受け入れていくのが大変だと思います。もうぶっちゃけ言ってしまうと、私は「障害者」という言葉も漢字も嫌いです。「障」には「へだてる・さえぎる・ふせぐ・さしつかえる・さわる」という意味があります。「害」は、「そこなう・わざわい・ころす」というもっとマイナスの意味が含まれています。「害」の字源を見ると「口」に籠状のものをかぶせて、邪魔をするという意味だそう。

「障がい者」という表記にしよう！という意見には、「メアリー・オブ・ウェールズ」とバカ丁寧に呼ばれるような感じで、もう「メアリー」でいいよ！となります（本当は「彩子」がいいけれど、とその後に心のつぶやきがあることを付け加えておく）。

「害」を「がい」と平仮名にしたって全然変わりません。なぜなら、「がい」の意味が「害」からきているからです。

それに真ん中だけ平仮名というのは何とも間抜けな印象を受けてしまいます。「今むら彩子」というふうに。それなら、「害」を取って「障者」にしてしまった方がまだいい。でも、私は「障」という字を人に押し付けるのはどうかと思うので、「〜という状態」という表現がまだいいと思っています。

どっちにせよ、本当の「障害」は、社会にある！と考えています。今の社会が健常者を基準にして成り立っているので、それに当てはまらない人たちが不自由な思いをするのです。もし、「障害者」と呼ばれる人たちもいきいきと自分らしく生きていける社会になれば、「障害者」も「健常者」もいなくなり、そこにあるのは一つひとつの「いのち」です。

誰もが自分のいのちを精いっぱい生きていける社会に押し戻せるよう映画を撮っていきたいなと思っています。

そして、私は「メアリー」でも「今むら彩子」でもなく、「今村彩子」というひとつのいのちを生きていく。

北海道・稚内までのびるオロロンラインで

本に登場する方々

「Start Line」
お母さん
おじいちゃん
堀田哲生さん
山本先生（豊橋聾学校）
河合先生（豊橋聾学校）
柿山さん（オージーケーカブト）
鳥居さん（広告共和国）
白石さん（富士通）
稲垣くん
ジャーニーさん（愛車）
新美さん（カメラマン）
西田さん（カメラマン）
新野さん
夏目先輩
聖

山田進一さん（右端）、東海サウンドの関さん（右から２番目）方と

ナガミネくん
関さん（東海サウンド社）
中島理恵子さん（コピーライター）
旅で出会った人たち
タイヤがパンクした青年
ウィル
メガネの旅人
「みどりの湯」のオーナー
吉田さん（カメラマン）
山田進一さん
お父さん
おばあちゃん
今村家の親戚
湧川さん（健康体力研究所）
ケイズシネマの支配人
西晶子さん（宣伝・配給）
相澤千恵子さん（手話通訳士）
中島さん

潮見坂海岸で太田さんと太田さんの友人に話を聞く

北村さん（手話通訳士）
ゲストハウスのスタッフと海外青年協力隊のおじさん
久留米聴覚特別支援学校中学部の生徒の皆さん
福岡県春日市上映に来てくれたろう者
生方さんと古川さん（士別市社会福祉協議会）
加納さん（手話通訳）
めん羊館のサフォークさん

「珈琲とエンピツ」
太田辰郎さん
澤田社長さん（ヒューマンフライト）
阿久津真美さん（プロデューサー）
山内さん（ディレクター）

「架け橋　きこえなかった3．11」
小泉正壽さん（宮城県聴覚障害者協会）
菊地信子さん、藤吉さん
荒谷博さん（気象庁）

宮城県聴覚障害者協会の小泉会長を取材

遠藤良博先生（宮城県立聴覚支援学校）
鎌田さん
加藤襄男さん
岡崎佐枝子さん（手話通訳士）
佐藤裕美さん（防災ボランティア灯りの会）

「11歳の君へ　～いろんなカタチの好き～」
國吉くん

「アスペのまあちゃん」
まあちゃん
植本一子
まあちゃんの弟
岡田さん
もりもとくん
電話リレーサービスのオペレーター
水戸黄門

ＨＩＶ／エイズ動画制作で小野さんの通訳を撮影

「スタートラインに続く日々」
ペリー艦長
和田アキ子
吉田さん（ダスキン愛の輪基金）
弟
ミーヤ（墨の前に飼っていたネコ）
岩田先生（愛知教育大学）
本田さん（手話通訳士）
えりちゃん
尾崎くん
片岡亮太さん
山村さん
大槻芳子さん
高橋真里さん・源太郎さん・共蔵くん
田谷理くん
緑図書館の職員
ツタヤのバイト学生
タリーズコーヒーの女性店員

「11歳の君へ」の出演者、応援してくださった方と

ＢＯＯＫＯＦＦのメガネ青年
朝市のおじさん
のむさん
生島さん（ぷれいす東京）
今橋真弓（医師）
吉田翔（医師）
小野広祐さん（ＨＩＶ／エイズ動画制作の監修・ろう通訳）
大橋さん
小学校の子どもたち
美香さん（経理スタッフ）
奈穂さん
西堀形成外科の受付スタッフ
大高駅駐輪場のおばちゃん
クリス・グレン氏
織田信長
今川義元
徳川家康
有矢さん

撮影したビデオテープ

貴公子動画制作協力

小笠原円（デザイン）

Nomoon Kazu（文字起こし）

制作協力

熊谷隆章（七五書店）

吉川英男（ＤＭ制作）

工藤美千代（編集協力）

箕輪麻紀子（装画・カット）

三矢千穂（装丁）

モリモト印刷（印刷・製本）

皆さまに感謝

お世話になった方々、皆さまのお名前をすべて掲載しきれないほど、多くの方々に直接的にも間接的にも力を貸していただきました。心からお礼を申し上げます。本当にどうもありがとうございました。

今村彩子

今村 彩子（いまむら あやこ）

1979年、名古屋市に生まれる。映画監督。ろう者。Studio AYA代表。

愛知教育大学卒。大学在籍中にカリフォルニア州立大学ノースリッジ校に留学し、映画制作を学ぶ。大学で講師をするかたわら映画を制作し、全国各地で上映。講演にも力を入れる。

主な作品である「珈琲とエンピツ」（2011）は、全国の劇場で公開された。東日本大震災で被災した聞こえない人を取材した「架け橋　きこえなかった3.11」(2013)。他に自転車ロードムービー「Start Line(スタートライン)」(2016)、ろう・難聴LGBTを取材したDVD教材「１１歳の君へ　～いろんなカタチの好き～」文科省選定作品（2018）など。

手話と字幕で分かるHIV/エイズ予防啓発動画(2018)を無料で公開している。

現在は、「アスペのまあちゃん」（仮）を撮影中。Yahoo! ニュースで取材したことを動画と文章で発信している。

[Studio AYA] https://www.studioaya.com

スタートラインに続く日々

２０１９年８月１日　初版第１刷　発行

著　者　今村彩子

発行人　江草三四朗

発行所　桜山社
〒４６７-０８０３
名古屋市瑞穂区中山町５-９-３
電話　０５２（８５３）５６７８
ファクシミリ　０５２（８５２）５１０５
https://www.sakurayamasha.com

印刷・製本　モリモト印刷株式会社

乱丁、落丁本はお取り替えいたします。

ISBN978-4-908957-10-9 C0074

桜山社は、
今を自分らしく全力で生きている人の思いを大切にします。
その人の心根や個性があふれんばかりにたっぷりとつまり、
読者の心にぽっとひとすじの灯りがともるような本。
わくわくして笑顔が自然にこぼれるような本。
宝物のように手元に置いて、繰り返し読みたくなる本。
本を愛する人とともに、一冊の本にぎゅっと愛情をこめて、
ひとりひとりに、ていねいに届けていきます。